W0048668

Seit Sigmund Freud hat die Psychologie wie keine andere Wissenschaft den Weg ins öffentliche Bewußtsein gefunden. Psychoanalytische Denkmuster haben längst einen festen Platz im allgemeinen Bildungshorizont erobert. Wenn es um »Verdrängung«, »Ödipus- oder Elektrakomplex«, »Triebstau«, um die »Geheimnisse des Selbst« oder die »Machenschaften der Seele« geht, kann und will jeder mitreden. Jedoch ist hierbei die Freudsche Psychologie von allerlei gedanklichem Wildwuchs bzw. Scharlatanerie nur schwer zu unterscheiden.

Hohe Zeit für ein *Freud-ABC*, das uns vor den gängigen Übertreibungen und Verzerrungen bewahrt. Jens Heise, Philosophiedozent in Berlin, trägt die wichtigsten Positionen und Begriffe Freuds und aufschlußreiche Details und Begebenheiten aus seinem Leben zusammen.

Jens Heise

Freud-ABC

RECLAM VERLAG LEIPZIG

Mit 1 Abbildung

ISBN 3-379-01734-5

© Reclam Verlag Leipzig 2001

Reclam-Bibliothek Band 1734
1. Auflage, 2001
Reihengestaltung: Hans Peter Willberg
Umschlaggestaltung: Matthias Gubig unter Verwendung
einer Porträtfotografie Sigmund Freuds aus dem Jahre 1926
© Sigmund Freud Copyright limited. London. Ullstein
Gesetzt aus Meridien
Satz: Reclam Verlag Leipzig
Druck und Bindung: Reclam, Ditzingen
Printed in Germany

Vorwort

»Die Psychoanalyse ist auf einem engbegrenzten Boden erwachsen. Sie kannte ursprünglich nur das eine Ziel, etwas von der Natur der sogenannt ›funktionellen‹ Nervenkrankheiten zu verstehen, um die bisherige ärztliche Ohnmacht in der Behandlung derselben zu überwinden.« (S: 203) So heißt es in einer der zahlreichen Selbstdarstellungen, die Freud verfaßt hat. Noch ehe die Psychoanalyse medizinisch etabliert war, hatte Freud das ursprüngliche Terrain schon verlassen. Deshalb liegt der Anfang der Psychoanalyse auch nicht in der Klinik der Nervenkrankheiten, sondern in der Deutung der Träume. »Die Psychoanalyse ist sozusagen mit dem zwanzigsten Jahrhundert geboren; die Veröffentlichung, mit welcher sie als etwas Neues vor die Welt tritt, meine *Traumdeutung*, trägt die Jahreszahl 1900.« (S: 203) In der Verknüpfung von Klinik und Traum ist die Psychoanalyse begründet. Die *Traumdeutung* handelt nicht von Nervenkrankheiten, wohl aber von psychischen Störungen, die dem wachen Bewußtsein ebenso unsinnig erscheinen wie eine Psychose. »Der Traum ist eine Psychose, mit allen Ungereimtheiten, Wahnbildungen, Sinnestäuschungen einer solchen.« (A: 31) In dieser Beschreibung wird der eigentliche Gründungsakt der Psychoanalyse noch einmal greifbar, durch den normale und pathologische Phänomene miteinander verbunden werden unter dem Aspekt, daß sie dem Bewußtsein als Unsinn erscheinen. Der Traum ist wie eine Psychose, aus der wir morgens gesund aufwachen; die Psychose ist wie ein Traum, aus dem es kein Erwachen gibt. Aus der Gemeinsamkeit, durch die Traum und Psychose sich vom Bewußtsein unterscheiden, ergibt sich für den Arzt dieselbe me-

thodische Forderung wie für den Traumdeuter: aus dem
Unsinn des Bewußten einen Sinn des Unbewußten zu machen. Als Psychologie des Unbewußten integriert Psychoanalyse die Verknüpfung von Klinik und Traum ebenso wie
den Unterschied von pathologisch und normal. »Wir haben erkannt, daß die Abgrenzung der psychischen Norm
von der Abnormität wissenschaftlich nicht durchführbar
ist, so daß dieser Unterscheidung trotz ihrer praktischen
Wichtigkeit nur ein konventioneller Wert zukommt. Wir
haben damit das Anrecht begründet, das normale Seelenleben aus seinen Störungen zu verstehen, was nicht gestattet wäre, wenn diese Krankheitszustände, Neurosen
und Psychosen, spezifische, nach der Art von Fremdkör-
pern wirkende Ursachen hätten.« (A: 51)
Klinik und Traum bleiben die beiden Pole, an denen die
Psychoanalyse orientiert ist. Sie stehen für die außerordentliche Spannweite, die das Werk Freuds auszeichnet.
Sie verweisen aber auch auf Ambivalenzen in seinem
Werk. So hat Freud alles darangesetzt, die Psychoanalyse
als naturwissenschaftlich begründet auszuweisen. Es ist offensichtlich, daß dies nur bedingt gilt. Die therapeutische
Praxis läßt sich nicht wie ein Experiment anordnen, kontrollieren und in einer formalisierten Sprache protokollie-
ren. Die analytische Grundregel, alles zu sagen, auf die
Freud seine Patienten verpflichtet hat, erlaubt es nicht, ein
Ende der Behandlung zu definieren. Als Medium der Therapie bietet sich keine Präzisionssprache an; im Gegenteil
ist die Sprache der Patienten affektiv angereichert und
durch Symptome verdichtet. Freud selbst hat gesehen, daß
sich seine Fallstudien eher wie Novellen lesen: »Lokaldiagnostik und elektrische Reaktionen kommen bei dem Studium der Hysterie eben nicht zur Geltung, während eine
eingehende Darstellung der seelischen Vorgänge, wie man
sie vom Dichter zu erhalten gewohnt ist, mir gestattete, bei
Anwendung einiger weniger psychologischer Formeln
doch eine Art von Einsicht in den Hergang der Hysterie zu
gewinnen.« (GW I: 227)
Aber auch zu seiner Rolle als Arzt hatte Freud ein zwie-

spältiges Verhältnis. »Nach 41jähriger ärztlicher Tätigkeit sagt mir meine Selbsterkenntnis, ich sei kein richtiger Arzt gewesen.« (E: 344) Motiviert ist diese Distanz zur Medizin durch den Anspruch der Psychoanalyse, für das Unbewußte im allgemeinen zuständig zu sein und nicht nur für die neurotischen Störungen. Freud hat sich stets auf die *Traumdeutung* als Gründungsdokument berufen, um die Reichweite der Psychoanalyse zu demonstrieren: »Als ›Tiefenpsychologie‹, Lehre vom seelisch Unbewußten, kann sie all den Wissenschaften unentbehrlich werden, die sich mit der Entstehungsgeschichte der menschlichen Kultur und ihrer großen Institutionen wie Kunst, Religion und Gesellschaftsordnung beschäftigen.« (E: 339)

In dieser Hinsicht haben sich Freuds Hoffnungen nicht erfüllt. Als Wissenschaft des Unbewußten konnte sich die Psychoanalyse im Wissenschaftsbetrieb kaum etablieren, institutionell blieb sie an die Medizin gebunden. In seiner Wirkung aber hat Freuds Werk die Grenzen der Medizin weit überschritten und das Selbstverständnis des Menschen grundlegend verändert. »Die analytische Einsicht ist weltverändernd; ein heiterer Argwohn ist mit ihr in die Welt gesetzt«, heißt es in der Rede, die Thomas Mann zum 80. Geburtstag Freuds gehalten hat.

Hamburg 2001   *Jens Heise*

»Ich weiß, daß Sie mich schon längst unter-
brechen wollten, um mir zuzurufen: Genug
der Ungeheuerlichkeiten.«

Sigmund Freud

Stichwortverzeichnis

Abwehr 17
Affekt 18
Alfred Adler 18
Alltagsleben 19
Anachronie 20
Analyse/Hypnose 21
Analyse/Psychiatrie 22
Anna O. 25
Anthropologie 27
Antisemitismus 28
Ausgesuchte Gehässigkeiten 29
Befriedigungserlebnis: Lust und Realität 30
Berggasse 19, Wien 31
Biographische Wahrheit 32
Josef Breuer 33
Jean-Marie Charcot 34
Couch 35
Dark Continent: das Rätsel der Weiblichkeit 36
Das Ich und das Es (1923) 37
Das Unbehagen in der Kultur (1930) 39
Die Traumdeutung (1900) 42
Dora: eine kleine Hysterie 46
Drei Abhandlungen zur Sexualtheorie (1905) 47
Drei Kränkungen 52
Familienroman 54
Famillionär – Der Witz und das Unbewußte 55
Fehlleistungen: Signorelli 57
Fingerspitzen 60
Fleißige Judenknaben 60
Wilhelm Fließ 60
Freiberg 62
Amalia Freud 63
Anna Freud 64
Kallamon Jacob Freud 65

Freud und die Zukunft (1936) 66
Grundregel 67
Hannibal ante portas: Rom 69
Hysterie 70
Jenseits des Lustprinzips (1920) 71
Carl Gustav Jung 75
Karrierepläne 77
Kastration 78
Kleiner Hans: eine Phobie 79
Kokain 83
Kultur 83
Kulturfeinde 85
Laien 86
Lamarckismus 88
Lesehinweis 89
Liberalismus 90
Libido 91
Lustprinzip 92
maskulin, feminin 94
Massenpsychologie und Urhorde 97
Metapsychologie 99
Narzißmus 100
Neuronensprache: *Entwurf einer Psychologie* (1895) 102
Neurosen 104
Neurosenlehre 105
Ödipuskomplex 107
Pansexualismus 110
Perversion 111
Phallus 112
Philosophische Ärzte 113
Primärvorgang/Sekundärvorgang 115
Psychischer Apparat 117
Psychoanalyse: eine ideale Beschreibung 118
Psychologische Mittwoch-Gesellschaft 120
Rattenmann: eine Zwangsneurose 121
Sachvorstellung/Wortvorstellung 124
Selbstanalyse 124
Sexualität 126
Sigismund Schlomo 128
Sozialer Tod 129
Sprache 129
Sublimierung 130

Symptome 131
Topik: die Seele als Ort 133
Totem und Tabu (1913) 135
Traum von der botanischen Monographie: Verdichtung/Verschiebung
   138
Trieb 141
Übertragung 144
Unbewußt; das Unbewußte 145
Urmensch 148
Verbrechen 150
Verdichtung 151
Verdrängung 154
Verführung 155
Verlobung 157
Verschiebung 157
Vorstellung 159
Wissenschaft vom Unbewußten 160
Wolfsmann: Zwangsneurose + Phobie 161
Wunsch 165
Zeitgemäßes über Krieg und Tod (1915) 167
Zigarren 169
Zwei Mütter 170
Zweizeitigkeit 171

Abwehr Zu den Begriffen, in denen Freud sein Konzept einer Psychoanalyse zuerst formuliert hat, gehört auch Abwehr. In der frühen Theorie der Hysterie zwischen 1894 und 1896 steht Abwehr für die entscheidende Einsicht, daß die psychische Erkrankung nicht Folge eines Nervenschocks ist – einer Erschütterung, eines Traumas –, sondern einer Unverträglichkeit. Wenn ein Wunsch unvereinbar ist mit der moralischen Orientierung einer Person, wird er abgewehrt, vorausgesetzt, er war affektiv stark besetzt. So erweist sich für Anna O. die plötzliche Lust, tanzen zu gehen, während sie am Bett ihres kranken Vaters sitzt, als unverträglich mit ihrem Anspruch, aufopferungsvolle Tochter zu sein, aber auch als unvereinbar mit den Anstandsregeln im viktorianischen Wien. Gegen diesen Wunsch ist die Abwehr gerichtet mit dem Ziel, ihn nicht bewußt werden zu lassen. Und sie erreicht das nach der frühen Einsicht Freuds, indem sie die Vorstellung abtrennt von den Affekten, Emotionen, Stimmungen, die sie begleiten. Abgekoppelt von ihrem affektiven Hintergrund ist die Vorstellung nicht bewußtseinsfähig, die Affekte haben dann ganz unterschiedliche Triebschicksale. In der Hysterie zum Beispiel kann die psychische Energie in motorische umgesetzt und der Körper zum Ausdruck der Symptome werden. Die frei werdende Energie kann aber auch an ein äußeres Objekt fixiert werden, das angstbesetzt ist und den Kern einer Phobie ausmacht. Die Therapie wird dann zur umgekehrten Abwehr: Sie macht die Trennung von Affekt und Vorstellung rückgängig.

In einem allgemeinen Sinn läßt sich Abwehr als Verdrängung beschreiben, und bis 1900 benutzt Freud beide Ausdrücke sinnverwandt. Danach beginnt er – wenn auch

nicht konsequent – Abwehr durch Verdrängung zu ersetzen; 1926 kommt er wieder auf Abwehr zurück.»Ich meine
nun, es bringt einen sicheren Vorteil, auf den alten Begriff
der Abwehr zurückzugreifen, wenn man dabei festsetzt,
daß er die allgemeine Bezeichnung für alle die Techniken
sein soll, deren sich das Ich in seinen eventuell zur Neurose
führenden Konflikten bedient, während Verdrängung der
Name einer bestimmten solchen Abwehrmethode bleibt,
die uns infolge der Richtung unserer Untersuchungen zuerst besser bekannt geworden ist.« (VI: 300f.) Hier wird
noch einmal deutlich, wie umfangreich Freuds Abwehr-
begriff gemeint ist. Er bezieht sich auf alles, was die Integrität des Individuums in Frage stellen könnte, und
kennzeichnet das normale Seelenleben ebenso wie das
neurotische.
↑Anna O., Verdrängung, Wunsch, Vorstellung

Affekt Im allgemeinen bezeichnet Affekt auch in der Psychoanalyse einen heftigen Gemütszustand. Interessant
werden die Affekte für Freud aber erst dann, wenn sie nicht
mehr angemessen bewältigt werden können. Schon in den
ersten Formulierungen zur Hysterie erscheint als Ursache
der Störung ein traumatisches Ereignis, das sich nicht auflösen läßt, so daß der Affekt steckenbleibt. Die Hysterie-
Analyse zwingt zu der Annahme, daß der Affekt sich von
der Vorstellung abspalten kann, an die er ursprünglich geknüpft war. So wird ein Affekt ohne Vorstellung möglich
und eine Vorstellung ohne Affekt. Die frei flottierenden Affekte lassen sich psychisch wiederum durch Umwandlung
binden und erscheinen dann zum Beispiel in der Hysterie
als körperliche Symptome wie nervöser Husten, Stimmlosigkeit, Lähmungen, theatralische Auftritte; sie können
sich aber auch in Angst umwandeln, die sich dann auf
einen bestimmten Gegenstand überträgt.
↑Dora, Kleiner Hans

Alfred Adler Adler gehörte zu den Gründungsmitglie-
dern der Psychologischen Mittwoch-Gesellschaft (1902),

die 1908 in Wiener Psychoanalytische Vereinigung um-
benannt wurde. Adler war Sozialist und politisch aktiv.
Er setzte auf eine starke biologische Orientierung der Psychoanalyse und vermutete als Grund für neurotische
Störungen einen organisch bedingten Mangel, eine Or-
ganminderwertigkeit, die kompensiert werden mußte,
nötigenfalls durch eine Neurose. Die Minderwertigkeit
der Organe hielt er im wesentlichen für angeboren. Dieses hohe Maß an Determination schränkt die Geltung des
Psychischen erheblich ein und macht zentrale Lehrstücke
Freuds mehr oder weniger überflüssig: den Ödipuskonflikt, die infantile Sexualität oder die sexuellen Motive der
Neurosen. 1911 war der Bruch unvermeidlich, Freuds
persönliche Abrechnung gnadenlos: »Es ist die Revolte eines abnormalen, vor Ehrgeiz wahnsinnigen Individuums,
und sein Einfluß auf andere hängt von seinem starken
Terrorismus und Sadismus ab.«
↑Jung

Alltagsleben Freud hat ein durchgehendes Konzept für
seine Wissenschaft vom Unbewußten zuerst an den normalen psychischen Phänomenen formuliert, an den Träumen. Er hat stets betont, daß die neurotischen Störungen
aus einer allgemeinen Theorie der Seele abgeleitet werden
müssen. Die Psychoanalyse bietet keine Kriterien für eine
normative Unterscheidung von pathologisch und normal.
Die Träume zeigen alle Anzeichen einer Psychose und
überschreiten doch das normale Seelenleben nicht. Wann
ein nervöser Husten oder eine Zwangsvorstellung als
Symptome einer Krankheit wahrgenommen und behandelt werden, hängt ganz von den historischen, sozialen
oder persönlichen Umständen ab. »Auch der Gesunde ist
also virtuell ein Neurotiker, aber der Traum scheint das
einzige Symptom zu sein, das zu bilden er fähig ist. Un-
terwirft man sein Wachleben einer schärferen Prüfung, so
entdeckt man freilich – was diesen Anschein widerlegt –,
daß dies angeblich gesunde Leben von einer Unzahl ge-
ringfügiger, praktisch nicht bedeutsamer Symptombil-

dungen durchsetzt ist. Der Unterschied zwischen nervöser Gesundheit und Neurose schränkt sich also aufs Praktische ein und bestimmt sich nach dem Erfolg, ob der Person ein genügendes Maß von Genuß- und Leistungsfähigkeit verblieben ist.« (I: 439)

Freuds Arbeit *Zur Psychopathologie des Alltagslebens* (1901) führt die Verschränkung von pathologisch und normal vor. Die alltäglichen Fehlleistungen kommen nach den gleichen Mechanismen zustande wie die neurotischen Symptome und sind doch nicht pathologisch. Sie verweisen aber darauf, daß hinter den alltäglichen Worten oder Handlungen immer noch ein weiterer Sinn verborgen sein kann. Gelegentlich wird dieser Hintersinn als Fehlleistung bemerkbar.

↑Fehlleistungen, Famillionär – Der Witz und das Unbewußte, *Die Traumdeutung*

Anachronie Die Psychoanalyse hat es mit den unterschiedlichen räumlichen und zeitlichen Zuständen der Seele zu tun. Das Bewußte und das Unbewußte sind als voneinander getrennte Orte in der psychischen Struktur ausgewiesen, deren Funktionen sich wechselseitig ausschließen. Den unterschiedlichen Orten sind verschiedene Zeiten zugeordnet. Unsere Vorstellung von Zeit ist vom Bewußtsein aus bestimmt, so daß Freud die unbewußten Vorgänge für zeitlos erklärt. Es ist aber im wesentlichen die zeitliche Ordnung der Wortsprache, an der er den Unterschied zwischen den beiden Seelenorten festmacht. Bewußtwerden ist an die Möglichkeit der Verbalisierung geknüpft. Die unbewußten Vorstellungen sind durchaus wie Zeichen geordnet, aber sie bleiben ohne Anschluß an die verbale Sprache – bis sie bewußt werden. Dem Bewußtsein gegenüber ist das Unbewußte eigentlich anachron: Gebunden an die Kindheit, können sich Vorstellungen, die nicht bewußt geworden sind, das ganze seelische Leben hindurch erhalten. Was längst überholt schien, verschafft sich in den Träumen oder den Krankheiten Ausdruck. Deswegen ist das Symptom im psycho-

analytischen Sinn als Fixierung an eine bestimmte Stufe
der Libido gebunden. Von den Neurotikern hat Freud einmal gesagt, sie würden an Reminiszenzen leiden.
↑Symptome, *Das Unbehagen in der Kultur*

Analyse/Hypnose Historisch versteht sich die analytische Therapie als Gegensatz zur hypnotischen. Den Unterschied zwischen diesen beiden Therapieformen hat Freud
vor allem daran gesehen, daß die Psychoanalyse die Patienten selbst zur Mitarbeit verpflichtet und von ihnen
verlangt, die Widerstände zu überwinden, durch die das
Verdrängte unbewußt gehalten wird. »Die hypnotische
Therapie sucht etwas im Seelenleben zu verdecken und zu
übertünchen, die analytische etwas freizulegen und zu
entfernen. Die erstere arbeitet wie eine Kosmetik, die letztere wie eine Chirurgie.« (I: 433) Jenseits dieser leicht po-
lemischen Beschreibung ist es doch die Arbeit gegen die
Widerstände, die für die analytische Therapie charakteristisch ist und die nicht nur dem Patienten, sondern auch
dem Arzt eine andere Rolle zuweist, als es die hypnotische
Therapie erfordert. Durch den Verzicht auf die Hypnose
bleibt als therapeutisches Medium einzig die Sprache. Sie
ermöglicht und erzwingt eine Gesprächssituation und
verbindet Arzt und Patient auf eine Weise miteinander,
wie es in der Hypnose niemals möglich wäre. Der Patient
muß die Symptome zur Sprache kommen lassen, er muß
die Affekte freisetzen, die irgendwo in seinem seelischen
Leben verschüttet sind, und der Arzt ist die einzige Person, an die er sich wenden kann. Darin liegt der Kern der
Übertragung, die Freud erst nach und nach verstanden
hat und deren Probleme er im Fall Dora unterschätzt
hatte. »Was sind Übertragungen? Es sind Neuauflagen,
Nachbildungen von den Regungen und Phantasien, die
während des Vordringens der Analyse erweckt und bewußtgemacht werden sollen, mit einer für die Gattung
charakteristischen Ersetzung einer früheren Person durch
die Person des Arztes.« (VI: 180) Mit der Einsicht in die
Bedingungen der Übertragung hat die analytische Thera-

pie sich vollständig von der hypnotischen getrennt. Das
kommt auch in der Grundregel zum Ausdruck: Sie legt die
Therapie ausschließlich auf das Medium der Sprache fest.
Indem sie den Patienten verpflichtet, alles zu sagen,
schließt sie alle anderen Möglichkeiten der Intervention
aus. Daß in der Analyse nichts als die Sprache bleibt, läßt
sich an Freuds Arrangement der therapeutischen Situation ablesen: Der Patient ist an die Couch fixiert, der Arzt
sitzt hinter ihm und ist für den Patienten anwesend nur
durch die Stimme.
↑Charcot, Grundregel, Übertragung

Analyse/Psychiatrie Freud hat sein Verfahren der analytischen Therapie immer wieder von der Psychiatrie ab-
gegrenzt. In den *Vorlesungen zur Einführung in die Psychoanalyse* führt er die unterschiedlichen Perspektiven als
Fallstudie vor.
Frau N. ist 53, sie lebt in glücklicher Ehe mit einem Fabri-
kanten, auch sonst ist sie mit ihrem Leben vorbehaltlos
zufrieden, bis sie die anonyme Mitteilung erhält, ihr
Mann habe eine Beziehung mit einem jungen Mädchen.
Sie ist einerseits sofort bereit, das zu glauben, und sieht ihr
Leben zerstört. Ihr Mann weist alle Beschuldigungen zurück, und Frau N. denkt andererseits auch an eine Intrige
ihres Stubenmädchens. Diese Vermutung liegt nahe, weil
als Geliebte ihres Mannes eine Frau genannt wird, auf die
das Stubenmädchen mit Feindseligkeit reagiert, weil sie
Karriere gemacht hat, obwohl auch sie aus denselben einfachen Verhältnissen stammt. Einen Tag, bevor der anonyme Brief sie erreicht, hatte Frau N. mit dem Stubenmädchen über einen Gast gesprochen, von dem bekannt
war, daß er ein außereheliches Verhältnis hat. Sie erzählt
dem Stubenmädchen, was für eine Katastrophe es wäre,
wenn auch ihr Mann eine Geliebte hätte. Am nächsten
Tag erhält sie dann den anonymen Brief mit genau dieser
Mitteilung. Sie ist bereit, die Vorwürfe gegen ihren Mann
zu glauben, und verdächtigt doch zugleich ihr Stubenmädchen als Verfasserin. Das Stubenmädchen wird ent-

lassen, und Frau N. erklärt die Sache für erledigt. Tatsächlich aber hält sie an der anonymen Mitteilung fest und gerät immer wieder in Zustände von Mißtrauen und Schmerz, so daß sie ihr Glück für zerstört hält.

»Das ist nun die Krankengeschichte dieser braven Frau [...] Welche Stellung nimmt nun der Psychiater zu einem solchen Krankheitsfalle ein?« (I: 251) Der Psychiater, heißt es in Freuds Diagnose, würde eine Wahnidee feststellen, einen Eifersuchtswahn, weil die Patientin an ihrer Beschuldigung festhält, obwohl sie weiß, daß der anonyme Brief keinen Beweis liefert. Das wäre auch schon der ganze psychiatrische Befund, der höchstens noch durch Nachforschungen in der Familiengeschichte ergänzt werden könnte. »Kann aber die Psychoanalyse hier mehr leisten? Ja doch; ich hoffe, Ihnen zu zeigen, daß sie selbst in einem so schwer zugänglichen Falle etwas aufzudecken vermag, was das nächste Verständnis ermöglicht.« (I: 253) Freuds Vorwurf gegen die Psychiatrie lautet, daß sie ihre Patienten nicht wie Individuen behandelt und deswegen auch nicht nach dem Sinn fragt, den Symptome in einer individuellen Geschichte haben können. Um die Genese der Symptome geht es Freud. Und er findet bei Frau N. genügend Hinweise, die einen individuellen Sinn ihres Eifersuchtswahns erkennen lassen: Tatsächlich ist Frau N. in ihren Schwiegersohn verliebt. »Nach all unseren sonstigen Erfahrungen wird es uns nicht schwer, uns in das Seelenleben dieser anständigen Frau und braven Mutter von 53 Jahren einzufühlen. Eine solche Verliebtheit konnte als etwas Ungeheuerliches, Unmögliches nicht bewußt werden; sie blieb aber bestehen und übte als unbewußte einen schweren Druck aus.« (I: 253) Dadurch gewinnt der Eifersuchtswahn einen konkreten Sinn: Er ist als Entlastung gedacht und verstärkt am Ende doch nur die ursprüngliche psychische Belastung. Das Symptom kommt im wesentlichen durch Verschiebung zustande: Die Vorstellung, ihr Mann sei untreu, verringert den moralischen Druck der Vorwürfe, die sie sich selbst macht. »Die Phantasie von der Untreue des Mannes war also ein kühlendes Pflaster auf ihre brennende Wunde. Ihre eigene Liebe war ihr nicht bewußt geworden, aber die Spiegelung derselben, die ihr solche Vorteile brachte, wurde nun zwangsartig, wahnhaft, bewußt.« (I: 254)

Freud faßt die Auflösung dieses Falls in drei Punkten zusammen, die alle als Kritik an der Psychiatrie gemeint sind.

1. Die Wahnidee ist sinnvoll und gut motiviert, sie verweist auf ein Erlebnis, das stark affektiv besetzt ist.

2. Die Wahnidee ist Teil des seelischen Lebens und steht in Wechselwirkung mit anderen unbewußten seelischen Vorgängen. Sie ist in erster Linie auf diese psychische Realität bezogen. Subjektiv wirkt sie als Entlastung.

3. Aus der individuellen Geschichte der Patientin geht hervor, daß die Wahnidee nur eine eifersüchtige Wahnidee sein kann.

Nach Freuds Urteil kommt der Psychiater über eine abstrakte Diagnose nicht hinaus, weil er keine Einsicht in die Genese der Krankheit hat. »Er muß sich mit der Diagnose und einer trotz reichlicher Erfahrung unsicheren Prognose eines weiteren Verlaufs begnügen.« (I: 252) Die Psychiatrie, von der hier die Rede ist, schließt die symbolische Dimension der Krankheit aus. In diesem Fall: daß die Wahnidee sinnvoll ist in einem unbewußten Text, der rekonstruiert werden muß. Die psychiatrische Diagnose kommt durch zwei Verallgemeinerungen zustande: Sie ordnet die Krankheit der Konstitution und der Degeneration des Patienten zu. Die Konstitution ergibt sich aus Alter, Geschlecht, Rasse, Lebensumständen; die Degeneration aus der Krankengeschichte der Familie. In diesen Koordinaten, aus denen sich die Krankheit ablesen läßt, ist für das Individuum kein Platz. Die Therapie soll den Patienten vor allem stillstellen; auch in dem ganz wörtlichen Sinn, ihn am Reden zu hindern, weil das die Symptome verschlimmern könnte. Freud ignoriert weder Konstitution noch Degeneration. So heißt es einmal von einer anderen Patientin: »Frau von N. war sicherlich eine neurotisch heriditär belastete Person.« Für die Psychoanalyse ergibt sich aus solchen Daten aber noch kein Krankheits-

bild. Eine Diagnose wird erst möglich, wenn die Symptome sich einer individuellen Krankengeschichte zuordnen lassen, und zwar in all den Einzelheiten, die nötig sind, um zu verstehen, daß die Wahnidee sinnvoll ist, unter der Frau N. leidet. Für seine Deutung nimmt der Arzt allgemeine theoretische Grundsätze in Anspruch; wirksam wird seine Deutung aber erst, wenn der Patient sie als angemessene Perspektive auf sein Leben anerkennen kann. Allerdings wissen wir nicht, ob Frau N. das so verstanden hat, »weil es mir nicht gestattet war, die Analyse des Falles über die zweite Stunde hinaus fortzusetzen«. (I: 255)
↑Symptome, Therapie

Anna O. Sie hieß eigentlich Bertha Pappenheim und gilt als erste Patientin der Psychoanalyse: Anna O. Als sie 21 ist, stellen sich ganz unterschiedliche Symptome ein: Kopfschmerzen, Sehstörungen, Erregungszustände, Lähmungen, Anästhesien. Ende 1880 beginnt sie eine Behandlung bei dem Wiener Nervenarzt Josef Breuer. Offenbar hängen die Symptome mit der tödlichen Krankheit ihres Vaters zusammen, den sie aufopferungsvoll pflegt. Ihr Zustand verschlechtert sich immer weiter. Bewußtseinsstörungen, Halluzinationen kommen hinzu, schließlich Sprechschwierigkeiten, die zum Ausfall von grammatischen Formen führen; gelegentlich kann sie über Deutsch gar nicht verfügen, dafür aber Englisch oder Französisch sprechen. Als ihr Vater stirbt, spitzt sich die Lage noch einmal zu.
Wenn Breuer seine Patientin besucht, befindet sie sich in einer Art hypnotischem Zustand, in dem sie kleine, emotionell gestimmte Episoden erzählt. Schon bald stellt sich heraus, daß ihr das Sprechen zeitweilig Erleichterung verschafft. Anna O. ist es auch, die für dieses Verfahren einen Namen erfindet – *talking cure* – und damit schon vorausnimmt, was den therapeutischen Kern der Psychoanalyse ausmachen wird: Redekur zu sein.
Breuer versteht die Störungen, unter denen Anna O. leidet, als Hysterie. Und er macht den Kern der Krankheit in den hypnoseartigen Zuständen aus, die er hypnoid nennt.

Für diesen Zustand charakteristisch ist, daß sich Vorstellungen bilden, die stark affektiv besetzt und weitgehend isoliert vom übrigen seelischen Leben sind. In der Behandlung bringt das Frühjahr 1882 eine Wende. Anlaß ist Annas Weigerung zu trinken. Sie erzählt dann schließlich von der Beobachtung, daß eine Gesellschafterin, für die sie Abneigung empfindet, ihren Hund aus einem Glas hat trinken lassen und sie seitdem Ekel vorm Trinken verspürt. Nachdem das ausgesprochen ist, verschwindet das Symptom. Breuer entschließt sich, Anna zu hypnotisieren und sie nach dem Ereignis suchen zu lassen, das zur Abspaltung von Bewußtseinsinhalten geführt hat. Punkt für Punkt gehen Breuer und seine Patientin die Symptome durch und verknüpfen das, was in den hypnoiden Zuständen eingeschlossen war, wieder mit dem psychischen Haushalt. Nach Breuers Angaben ist dieses Verfahren so erfolgreich, daß die Behandlung nach wenigen Monaten abgeschlossen werden kann.

Freud erfuhr von diesem Fall Ende 1892 durch Breuer und begriff sofort, daß sich die Psychiatrie dadurch verändert hatte. 1895 legten Breuer und Freud die gemeinsam verfaßten *Studien über Hysterie* vor, in denen bereits Differenzen zwischen ihnen im Begriff der Hysterie deutlich werden. Es geht im wesentlichen um zwei Punkte, durch die Freud sich in den folgenden Jahren von Breuer distanziert. Zum einen hält Freud den hypnoiden Zustand für zu mechanisch gedacht: Daß ein bestimmter Vorstellungskomplex vom übrigen Seelenleben abgeschnitten wird, kann nur durch eine psychologische Erklärung verständlich gemacht werden, die Freud im Begriff der Abwehr sieht. Als Auslöser für eine hysterische Störung ergibt sich dann ein psychischer Konflikt, der in der Therapie rekonstruiert und aufgelöst werden muß. Zum anderen nimmt Freud an, daß die Affektivität, die in der Hysterie im Spiel ist, sexuelle Quellen haben muß. Freud verzichtet in seinem Therapiekonzept auf die Hypnose und begründet die Psychoanalyse ganz im Medium der Rede: als *talking cure*. Insofern hat Anna O. die Grundre-

gel der analytischen Therapie schon vorweggenommen,
die den Patienten verpflichtet, alles zu sagen, was er weiß,
und sogar das, was er nicht weiß.
↑Breuer, Grundregel, Analyse/Hypnose

Anthropologie Auf die Frage, was den Menschen eigentlich auszeichnet, könnte die psychoanalytische Antwort heißen: der Wunsch. Im Wunsch hat Freud die erste
und grundlegende Einstellung des Menschen auf die Welt
gesehen. In einem sehr elementaren Sinn richtet sich der
Wunsch auf die Vermeidung von Triebspannung oder von
Unlust. Was den Wunsch aber eigentlich konstituiert, ist
die Erfahrung, daß sich Triebspannung durch den Wunsch
nicht aufheben läßt und daß der Wunsch sein eigentliches
Ziel verfehlt. Schon das kleine Kind muß lernen, daß das
Wünschen nicht geholfen hat, seinen Hunger zu stillen:
Statt zu wünschen, muß es schreien. Wenn das psychische
Leben dennoch am Wunsch nach Lustgewinn grundlegend
orientiert bleibt, wird das Dilemma sichtbar, das die Psychoanalyse offenlegt: Nicht nur, daß das Wünschen niemals geholfen hat, ist das Problem, sondern daß der Mensch
nicht wissen kann, was er wünschen soll. Freud hat aus diesem Befund die Konsequenz gezogen, daß der Wunsch seinem Wesen nach unbewußt ist. Daraus ergibt sich dann:
Der Wunsch bestimmt das psychische Leben, aber er muß
sich auch selbst durch das psychische Leben bestimmen.
Freuds anthropologische Formel läuft darauf hinaus, daß
der Mensch durch den Wunsch unbestimmt bestimmt ist,
daß er sich aber nur durch sein Unbewußtes bestimmen
kann. So läßt sich Freuds Plädoyer für eine Dezentrierung
des Ich verstehen. An das Ich ist auch sein Appell gerichtet:
»Du vertraust darauf, daß du alles erfährst, was in deiner
Seele vorgeht, wenn es nur wichtig genug ist, weil dein
Bewußtsein es dir dann meldet. Und wenn du von etwas
in deiner Seele keine Nachricht bekommen hast, nimmst
du zuversichtlich an, es sei in ihr nicht enthalten. Ja, du
gehst so weit, daß du ›seelisch‹ für identisch hältst mit ›be-

wußt‹, d. h. dir bekannt, trotz der augenscheinlichen Beweise, daß in deinem Seelenleben beständig viel mehr vor sich gehen muß, als deinem Bewußtsein bekannt werden kann. Laß dich doch in diesem einen Punkt belehren!« (D: 137)

Antisemitismus Die Liberalisierung der Habsburger Monarchie seit den sechziger Jahren des 19. Jahrhunderts verbesserte die Lage der Juden so weit, daß die rechtliche Diskriminierung nahezu aufgehoben war. Nach der Umwandlung des Habsburgerreichs in die Doppelmonarchie Österreich-Ungarn (1867) waren mehrere Kabinettsmitglieder Juden. So konnte Freud den Eindruck gewinnen, daß »jeder fleißige Judenknabe also das Ministerportefeuille in seiner Schultasche trug«. Nach dem Börsenkrach von 1873 schlug die Stimmung wieder um, weil die jüdischen Bankiers wie üblich für die Krise verantwortlich gemacht wurden; 1897 wurde Karl Lueger mit einem antisemitischen Programm zum Bürgermeister von Wien gewählt. So blieb der Antisemitismus hoffähig. Es waren auch antisemitische Motive, die Freuds Ernennung zum Professor lange verhindert haben. In der Regel erhielten Privatdozenten nach fünf oder sechs Jahren einen Professorentitel, Freud mußte 17 Jahre warten. Daß nicht nur die Vorbehalte gegen seine Person, sondern auch die Widerstände gegen die Psychoanalyse antisemitisch motiviert waren, blieb Freud stets bewußt. An Abraham schreibt er: »Seien Sie versichert, wenn ich Oberhuber hieße, meine Neuerungen hätten trotz allem weit geringeren Widerstand gefunden.« Auch das Werben um Jung, Freuds Pläne, das Zentrum der Psychoanalyse von Wien nach Zürich zu verlagern und Jung zu seinem Nachfolger zu machen, haben mit der Befürchtung zu tun, die Psychoanalyse könne sich als »jüdische Wissenschaft« nur schwer durchsetzen. So schreibt er über Jung: »Ich hätte beinahe gesagt, daß erst sein Auftreten die Psychoanalyse der Gefahr entzogen hat, eine jüdische nationale Angelegenheit zu werden.« Und an anderer Stelle: »Unsere arischen Ge-

nossen sind uns doch ganz unentbehrlich, sonst verfiele die
Psychoanalyse dem Antisemitismus.«
Freud blieb sein Leben lang mit dem Antisemitismus konfrontiert, am Ende dann mit seiner gnadenlosesten Form:
1938 mußte er aus Wien vor den Nationalsozialisten fliehen. Vier ältere Schwestern Freuds wurden nach There-
sienstadt und Treblinka verschleppt. Keine von ihnen
überlebte.

Ausgesuchte Gehässigkeiten Gelegentlich setzte Freud
das pathologische Vokabular gegen die ein, die seine Sym-
pathie verloren hatten. Einige Beispiele.
Karl Kraus:
»Sie kennen die maßlose Eitelkeit und Zuchtlosigkeit dieser begabten Bestie K. K.« »Er ist ein toller Schwachsinni-
ger mit großer schauspielerischer Begabung.«
Alfred Adler:
»Es ist die Revolte eines abnormalen, vor Ehrgeiz wahn-
sinnigen Individuums, und sein Einfluß auf andere hängt
von seinem starken Terrorismus und Sadismus ab.«
Carl Gustav Jung:
»Was Jung betrifft, so scheint er völlig den Verstand ver-
loren zu haben, er benimmt sich ganz verrückt.«
»Man ist wütend auf Jung, bis man entdeckt, daß er ein-
fach auf krasse Weise dumm ist, ›emotionale Dummheit‹,
wie es die Psychiater nennen.«
Wilhelm Stekel:
»That pig, Stekel.«
Über die Frau von Wilhelm Fließ:
»Vor seiner Frau warne ich Sie besonders. Geistreich-
dumm, bösartig, positive Hysterika, also Perversion, nicht
Neurose.«

B

Befriedigungserlebnis: Lust und Realität   Das psychische Leben beginnt mit einem Kurzschluß. Das ist die Pointe in Freuds *Entwurf einer Psychologie* (1895), der auch für die *Traumdeutung* theoretische Grundlage bleibt. Unter dem Stichwort Befriedigungserlebnis konstruiert Freud den Augenblick nach der Geburt, in dem das Kind sein Bedürfnis nach Nahrung zum ersten Mal befriedigt. Dieses Befriedigungserlebnis hat weitreichende Folgen. Es hat nicht nur das körperliche Bedürfnis beseitigt, sondern eine Erinnerungsspur hinterlassen. Wenn sich jetzt der Körper mit seinen Bedürfnissen wieder meldet, wird auch die Erinnerungsspur aktiviert, und Freud nimmt an, daß die erste psychische Leistung darin besteht, die Erinnerung in die Wahrnehmung zurückzuverwandeln, die einmal mit dem Befriedigungserlebnis verbunden war. Daß also das psychische Leben mit einer Halluzination beginnt: mit dem Kurzschluß von Realität und Wunsch. »Ein wesentlicher Bestandteil dieses Erlebnisses ist das Erscheinen einer gewissen Wahrnehmung (der Nahrung im Beispiel), deren Erinnerungsbild von jetzt an mit der Gedächtnisspur der Bedürfniserregung assoziiert bleibt. Sobald das Bedürfnis ein nächstes Mal auftritt, wird sich, dank der hergestellten Verknüpfung, eine psychische Regung ergeben, welche das Erinnerungsbild jener Wahrnehmung wieder besetzen und die Wahrnehmung selbst hervorrufen, also die Situation der ersten Befriedigung wiederherstellen will. Eine solche Regung ist das, was wir einen Wunsch heißen; das Wiedererscheinen der Wahrnehmung ist die Wunscherfüllung, und die volle Besetzung der Wahrnehmung von der Bedürfniserregung her der kürzeste Weg zur Wunscherfüllung.« (II: 539)
Ursprünglich ist die Seele nichts weiter als eine Wunschmaschine – daß sie es im Kern auch bleibt, macht die Bot-

schaft der Psychoanalyse aus. Freud konzipiert die Seele als
Apparat, der darauf zielt, »Anhäufung von Erregung zu
vermeiden und sich möglichst erregungslos zu erhalten«,
und er verknüpft die Anhäufung von Erregung mit der
Empfindung von Unlust, die Verringerung der Erregung
mit der Empfindung von Lust (II: 568). In Gang gehalten
wird dieser Apparat von einer Bewegung, die von der Unlust ausgeht und auf die Lust zielt. Genau das nennt Freud
einen Wunsch: »Eine solche, von der Unlust ausgehende,
auf die Lust zielende Strömung im Apparat heißen wir
einen Wunsch.« (II: 568) Allerdings scheitert die erste
Wunscherfüllung, weil sie das Befriedigungserlebnis zwar
wiederherstellen, den Hunger aber nicht stillen kann. Als
reine Wunschmaschine ist die Seele nicht realitätstauglich,
deswegen muß der kürzeste Weg zur Wunscherfüllung
aufgegeben und die erste psychische Aktion modifiziert
werden durch eine zweite, die den Kurzschluß von der Erinnerung zur Wahrnehmung blockiert. So ist das psychische Leben durch zwei Prinzipien bestimmt: Primärvorgang und Sekundärvorgang. Der Primärvorgang ist die
modifizierte erste Aktion, jetzt aber beschränkt auf einen
Teil des seelischen Lebens, und zwar den unbewußten. Er
zielt nach wie vor darauf ab, die Wahrnehmungen auf
kürzestem Weg wieder zu besetzen, die mit Befriedigungserlebnissen verknüpft waren: Dieser modifizierte Kurzschluß steht für das Lustprinzip. Der Sekundärvorgang
kennzeichnet das bewußte psychische Leben. Die Energie
ist gebunden, die Befriedigung wird aufgeschoben, so daß
stabile Besetzungen möglich sind: All das ist charakteristisch für das Realitätsprinzip.
↑Primär-, Sekundärvorgang, Lustprinzip, Wunsch

Berggasse 19, Wien Von 1891 bis 1938, bis zur Vertrei-
bung durch die Nationalsozialisten, lebt und arbeitet Freud
in der Berggasse 19 in Wien. Unter dieser Adresse entsteht
die Psychoanalyse – das theoretische Werk ebenso wie die
therapeutische Praxis. Hier finden sich die Patienten ein,
von denen einige weltberühmt werden: Dora, der Wolfs-

mann, der Rattenmann. Ab 1902 tagt die Psychologische
Mittwoch-Gesellschaft in der Berggasse.

Das Ambiente für das radikale Programm der Psychoanalyse war denkbar konventionell. Schon seiner Verlobten
hatte Freud Gegenstände für die »kleine Welt von Glück«
aufgezählt, die dann zur Einrichtung der Berggasse gehören: gestickte Tischtücher, Plüschsessel, Orientteppiche,
Porträtfotos. Von den ästhetischen Umbrüchen in Kunst
und Architektur, die für Wien um 1900 so charakteristisch
sind, dringt nichts in die Berggasse; sie haben aber auch in
Freuds Werk kaum Spuren hinterlassen. Freud hat sein
Werk nicht zu den ästhetischen und intellektuellen Expe-
rimenten in Wien um 1900 in Beziehung gesetzt, für die
Hofmannsthal, Mahler, Schönberg, Klimt oder Kokoschka
stehen. Vielleicht deswegen, weil das Fin de siècle von der
modernen Kunst geprägt war, zu der Freud offensichtlich
keinen Zugang hatte. Und doch ganz im Sinne dieser Epo-
che hat die Psychoanalyse entschieden zu einer Neuinter-
pretation des Menschen beigetragen.

Zu Wien hatte Freud ein ambivalentes Verhältnis. Die Familie lebte dort seit 1860, und die ersten Jahre waren vor
allem von wirtschaftlichen Schwierigkeiten geprägt. Es ist
bemerkenswert, daß Freud seine ersten vier Jahre in der
mährischen Kleinstadt Freiberg stark idealisiert dargestellt
hat. Die ökonomischen und sozialen Bedingungen der
Eltern waren durchaus nicht so stabil, wie es ihm in der
Erinnerung erschien. Freuds Urteil über Wien war eini-
germaßen schroff: »Es war mir ekelhaft«, schreibt er mit
sechzehn. Und an seine Braut: »Wien drückt auf mich
und vielleicht mehr, als gut ist.« Am Ende wußte er doch,
was er an Wien hatte. 1938 aus seiner Heimatstadt ver-
trieben, bemerkte er in London, »man hat das Gefäng-
nis, aus dem man entlassen wurde, immer noch sehr geliebt«.

↑Freiberg

Biographische Wahrheit An seine Biographen hat
Freud schon früh gedacht. 1895 schreibt er seiner Verlob-

ten, er habe Aufzeichnungen, Briefe und Manuskripte der letzten vierzehn Jahre vernichtet. »Die Biographen aber sollen sich plagen, wir wollen 's ihnen nicht zu leicht machen.« Wie man ihn später sehen würde, war Freud keineswegs gleichgültig, den Biographen aber mißtraute er. »Wer Biograph wird, verpflichtet sich zur Lüge, zur Verheimlichung, Heuchelei, Schönfärberei und selbst zur Verhehlung seines Unverständnisses, denn die biographische Wahrheit ist nicht zu haben, und wenn man sie hätte, wäre sie nicht zu brauchen.« Wenn Freud auf der einen Seite vehement bestreitet, daß sich die Wahrheit biographisch erfassen läßt, so setzt er auf der anderen Seite doch auf die Möglichkeit, daß sich der Kern einer Person offenlegen läßt, und sogar der Kern der eigenen: Dafür steht seine Selbstanalyse, die zu den Voraussetzungen zählt, unter denen die Psychoanalyse sich etablieren konnte. Ein Stück Selbstanalyse hat Freud in seinen Veröffentlichungen preisgegeben, zum Beispiel in der *Traumdeutung*. Wie sehr er darauf eingestellt war, über sich selbst zu sprechen, das zeigen die privaten Mitteilungen, vor allem die Briefe an Wilhelm Fließ. Seine Autobiographie folgt der analytischen Grundregel, mit der er seine Patienten verpflichtet, alles zu sagen, was sie wissen, vor allem aber das, was sie nicht wissen. Autobiographisch läßt sich diese Regel nur durch unaufhörliche Mitteilungen über sich selbst einlösen – durch Bekenntnisse. Erst wenn alles gesagt ist, werden die Konturen eines Lebens sichtbar, in der Therapie ebenso wie in der Autobiographie.

Freuds Selbstanalyse ist längst in die Biographien eingegangen. Und die besten Biographen demonstrieren, daß sich Innen- und Außenperspektive auf ein Leben ergänzen, wie das zuletzt Peter Gay gelungen ist: *Freud. Eine Biographie für unsere Zeit*.
↑Selbstanalyse

Josef Breuer Mit dem Wiener Nervenarzt Josef Breuer war Freud in den achtziger Jahren eng verbunden. Am Ende hielt auch diese Freundschaft nicht, wie so oft bei

Freud. Es war aber vor allem Breuers Patientin Anna O., die für die Begründung der Psychoanalyse wichtig geworden ist. Freud hört 1882 zum ersten Mal von ihr. Die Patientin leidet unter Kopfschmerzen, Sehstörungen, Erregungszuständen, Lähmungen – und Breuer interpretiert diese Symptome als Hysterie. Er versteht, daß sich Vorstellungen gebildet haben, die emotionell stark aufgeladen, vom übrigen Seelenleben aber getrennt sind. Deswegen versetzt er seine Patientin unter Hypnose und läßt sie über ihre Stimmungen und Einfälle sprechen. Auf diese Weise werden die abgespaltenen Vorstellungen wieder mit dem seelischen Haushalt verbunden. Anna O. nennt dieses Verfahren *talking cure*, und sie trifft damit genau das, was die Psychoanalyse ausmacht, was sie dann aber auch von Breuers Verfahren unterscheidet: Sie wird ganz zur Redekur und verzichtet auf die Hypnose. ↑Anna O.

C

Jean-Marie Charcot Im Studienjahr 1885/86 war Freud sechs Monate lang in Frankreich, um an der Salpêtrière bei dem Neuropathologen Jean-Marie Charcot zu studieren. Dieser Aufenthalt hatte weitreichende Folgen. »Charcot, der einer der größten Ärzte, ein genial nüchterner Mensch ist, reißt meine Ansichten und Absichten einfach um. Nach manchen Vorlesungen gehe ich fort wie aus Notre-Dame, mit neuen Empfindungen vom Vollkommenen [...] Ob die Saat einmal Früchte bringen wird, weiß ich nicht; aber daß kein anderer Mensch je ähnlich auf mich gewirkt hat, weiß ich gewiß«, schreibt er an seine Braut. Freud beeindruckte vor allem, daß Charcot neurotische Störungen nicht auf organische Ursachen zurückführte, sondern als eigenständiges Phänomen anerkannte. Ihn überzeugte aber auch die Behandlungsmethode: Charcot heilte hysterische Zustände durch Hypnose und bestätigte damit glänzend, was Freud durchaus schon vermutet hatte: daß sich seelische Zustände durch Hypnose technisch beeinflussen lassen. Charcot konnte auch zeigen, daß sich hysterische Symptome durch Hypnose erzeugen lassen. Seine Annahme, das sei nur bei bereits neurotisch gestörten Patienten möglich, blieb allerdings umstritten. Charcot hatte der Hysterie die Würde einer echten Krankheit gegeben und die Patienten damit von dem Verdacht befreit, bloß zu simulieren. Und er hat mit dem Vorurteil aufgeräumt, nur Frauen könnten hysterisch werden.

Freud hat bekundet, bei Charcot habe er »klinisch sehen gelernt«. Was er sah, war ein neues Gebiet der Pathologie, auf dem die Nervenkrankheiten psychisches Eigengewicht erhalten müßten. In seinem Abschlußbericht an die Medizinische Fakultät in Wien schreibt Freud: »Charcot pflegte zu sagen, die Anatomie habe im großen und ganzen ihr Werk vollendet und die Lehre von den organischen Erkrankungen des Nervensystems sei sozusagen fertig; es kommt nun die Reihe an die Neurosen.« (S: 134) An diese Bestandsaufnahme konnte Freud für die Begründung der Psychoanalyse unmittelbar anschließen.

↑Analyse/Hypnose

Couch Die berühmte Couch: Sie vor allem ist zum Markenzeichen der Psychoanalyse geworden. Mit persischem Teppich, Kissen und einer Decke ausgestattet, ist sie schon in Freuds Praxis als Sehenswürdigkeit wahrgenommen worden. Für das »Zeremoniell der Situation« bietet sie die Orientierung. Der Patient, viel häufiger aber die Patientin liegt auf der Couch, Freud sitzt dahinter, ohne gesehen zu werden. »Diese Veranstaltung hat einen historischen Sinn, sie ist der Rest der hypnotischen Behandlung, aus welcher sich die Psychoanalyse entwickelt hat. Sie verdient es aber aus mehreren Gründen, festgehalten zu werden. Zunächst wegen eines persönlichen Motivs, das aber andere mit mir teilen mögen. Ich vertrage es nicht, acht Stunden täglich (oder länger) von anderen angestarrt zu werden. Da ich mich während des Zuhörens selbst dem Ablauf meiner unbewußten Gedanken überlasse, will ich nicht, daß meine Mienen dem Patienten Stoff zu Deutungen geben oder ihn in seinen Mitteilungen beeinflussen.« (E: 193) Die Couch soll den Patienten entspannen; zugleich schränkt sie ihn in seiner Mobilität ein. Auch das ist gewollt, weil in der Therapie die Sprache zum einzigen Medium werden soll. Am »Zeremoniell der Situation« hat Freud stets festgehalten. 1938 hat er die analytische Couch in die Emigration nach London mitgenommen.

D

Dark Continent: das Rätsel der Weiblichkeit Daß die Frau im Werk Freuds nur am Rande vorkommt und insgesamt merkwürdig fehlbelichtet erscheint, ist schon zu Lebzeiten Freuds kritisch bemerkt worden. Freud hat immer wieder die Schwierigkeiten der Psychoanalyse mit der Weiblichkeit betont, und ebensooft ist ihm vorgehalten worden, es seien seine eigenen. Es ist offenkundig, daß Freud das psychische Leben für männlich bestimmt hielt. Rekonstruierbar scheint ihm die frühkindliche Sexualität nur über den Vorrang des Phallus. »Vom Geschlechtsleben des kleinen Mädchens wissen wir weniger als von dem des Knaben. Wir brauchen uns dieser Differenz nicht zu schämen; ist doch auch das Geschlechtsleben des erwachsenen Weibes ein *dark continent* für die Psychologie.« (E: 303) In der Neuen Folge der *Vorlesungen* (1933) bestätigt Freud diese Einschätzung noch einmal: »Nun sind Sie bereits vorbereitet darauf, daß auch die Psychoanalyse das Rätsel der Weiblichkeit nicht lösen wird.« (I: 547)

↑maskulin/feminin, Kastration, Phallus, *Drei Abhandlungen zur Sexualtheorie*, Zwei Mütter

Das Ich und das Es (1923) Auf die Umarbeitung der
Triebtheorie in *Jenseits des Lustprinzips* (1920) folgt drei
Jahre später das Konzept einer neuen Topik. Die erste Topik stammt in ihren Grundzügen noch aus dem *Entwurf
einer Psychologie* von 1895. Sie macht vor allem die Botschaft anschaulich, daß sich das Psychische nicht auf das
Bewußtsein reduzieren läßt, und sie verbindet die Einteilung in bewußt, vorbewußt, unbewußt mit dem Unterschied von Verdrängtem und Verdrängendem. Allerdings
lassen sich Verdrängung, Abwehr, Zensur oder Widerstand in diesem Modell nicht abbilden. Als problematisch
erweist sich auch, daß hier das Verdrängte ausschließlich
dem Unbewußten zugerechnet ist, während das Ich nur
auf der Seite des Bewußten gedacht werden kann. Das ist
mit der klinischen Erfahrung nicht mehr vereinbar. Dazu
heißt es in *Das Ich und das Es*: »Wir haben im Ich selbst etwas gefunden, was auch unbewußt ist, sich gerade so benimmt wie das Verdrängte, das heißt starke Wirkungen
äußert, ohne selbst bewußt zu werden und zu dessen Bewußtmachung es einer besonderen Arbeit bedarf. Die
Folge dieser Erfahrung für die analytische Praxis ist, daß
wir in unendlich viele Undeutlichkeiten und Schwierigkeiten geraten, wenn wir an unserer gewohnten Aus-
drucksweise festhalten und zum Beispiel die Neurose auf
einen Konflikt zwischen dem Bewußten und dem Unbewußten zurückführen wollen. Wir müssen für diesen Gegensatz aus unserer Einsicht in die strukturellen Verhältnisse des Seelenlebens einen anderen einsetzen: den
zwischen dem zusammenhängenden Ich und dem von
ihm abgespalteten Verdrängten.« (III: 287)
Die Einsicht, daß ein großer Teil des Ich unbewußt ist,
zwingt zu einer Revision der ersten Topik. Das Ich wird in
der zweiten Topik selbst zur Instanz, und es läßt sich jetzt
durch die drei alten Instanzen in verschiedener Hinsicht
beschreiben: als bewußt, vorbewußt, unbewußt. Freud
legt das Ich an die Oberfläche des psychischen Raums mit
Zugang zum Bewußtsein und zur Wahrnehmung. Durch
dieses Fenster nimmt das Ich sich über den Körper selbst

als körperlich wahr, und Freud sieht darin einen Modus,
nach dem das Ich sich entfaltet, nämlich als Projektion des
Körpers. »Das Ich ist vor allem ein körperliches, es ist nicht
nur ein Oberflächenwesen, sondern selbst die Projektion
einer Oberfläche.« (III: 294) Das Ich hat seinen Kern im Bewußtsein, es umfaßt das Vorbewußte, und es ist zugleich
unbewußt. Das Unbewußte, in das sich das Ich fortsetzt,
nennt Freud im Anschluß an Georg Groddeck das Es und
legt es als Triebpol aus. Damit sind zwei Instanzen des psychischen Konflikts benannt. Das Ich »bemüht sich auch,
den Einfluß der Außenwelt auf das Es und seine Absichten
zur Geltung zu bringen, ist bestrebt, das Realitätsprinzip an
die Stelle des Lustprinzips zu setzen, welches im Es unein-
geschränkt herrscht. Die Wahrnehmung spielt für das Ich
die Rolle, welche im Es dem Trieb zufällt. Das Ich repräsentiert, was man Vernunft und Besonnenheit nennen
kann, im Gegensatz zu Es, welches die Leidenschaften enthält.« ·(III: 294) Vernunft und Leidenschaft – es fehlt aber
noch das Verbot als dritte Instanz, das ist das Über-Ich, dem
Freud zusätzlich die Rolle als Ichideal zuschreibt: Es verkörpert Normen und zugleich das Verbot, sie zu übertreten. Das Über-Ich entsteht, wenn der Ödipuskonflikt aufgelöst ist und die Libidoentwicklung bis zur Pubertät
unterbrochen wird: Das Kind stellt die libidinöse Besetzung
der Eltern ein und verinnerlicht das Verbot.

Die zweite Topik entwirft ein Modell der Person aus drei
Instanzen: Das Ich repräsentiert Einheit und Selbstgefühl
der Person und ist mit narzißtischer Libido besetzt; das Es
ist der Triebpol der Person und damit das Hauptreservoir
der psychischen Energie, seine Inhalte sind unbewußt; das
Über-Ich richtet und kritisiert das Ich und ermöglicht
Selbstbeobachtung, Gewissen und die Ausbildung von Ide-
alen.

Es ist offenkundig, daß wir hier nicht nur ein Modell der
Person vor uns haben, sondern daß die drei Instanzen
selbst wie Personen aufgefaßt und in der Psychoanalyse
auch so behandelt werden, zum Beispiel in Formulierungen wie: Das Über-Ich beobachtet das Ich. Freud führt in

der zweiten Topik, die sich aus *Das Ich und das Es* ergibt,
mit aller Konsequenz vor, wie wenig das Ich Zentrum des
seelischen Lebens ist, sondern als »armes Ding« erscheint,
das von Abhängigkeiten bestimmt wird: durch die Außenwelt, durch die Energien des Es, durch die Strenge des
Über-Ich. Unübersehbar demonstriert die Topik auch, wie
eng begrenzt der psychische Raum ist, zu dem das Ich
Zugang hat, und wie wenig wir von uns selbst erfassen,
wenn wir uns als »ich« bezeichnen. »Es gleicht so im Verhältnis zum Es dem Reiter, der die überlegene Kraft des
Pferdes zügeln soll, mit dem Unterschied, daß der Reiter
dies mit eigenen Kräften versucht, das Ich mit geborgten.
Dieses Gleichnis trägt ein Stück weiter. Wie dem Reiter,
will er sich nicht vom Pferd trennen, oft nichts anderes
übrigbleibt, als es dahin zu führen, wohin es gehen will,
so pflegt auch das Ich den Willen des Es in Handlung umzusetzen, als ob es der eigene wäre.« (III: 294)
↑Drei Kränkungen, Topik

Das Unbehagen in der Kultur (1930) Auf die Frage nach
dem Zweck des menschlichen Lebens gibt Freud eine ein-
deutige Antwort: »Es ist, wie man sieht, einfach das Programm des Lustprinzips, das den Lebenszweck setzt.« (IX:
208) Das Lustprinzip erscheint hier als Handlungsmaxime,
es bezeichnet aber auch den Regulationsmechanismus des
psychischen Apparats, der im strengen Sinn nicht hedoni-
stisch orientiert ist. Funktionell ist Lust als spontane Auflösung erhöhter Spannung gedacht. An diesen Spannungs-
unterschied ist die Lustempfindung gebunden, sie kann
deswegen immer nur momentan sein. Diese funktionelle
Bestimmung ist auch dann gültig, wenn das Lustprinzip
als allgemeiner Lebenszweck gemeint ist. »Was man im
strengsten Sinne Glück heißt, entspringt der eher plötzli-
chen Befriedigung aufgestauter Bedürfnisse und ist seiner
Natur nach nur als episodisches Phänomen möglich. Jede
Fortdauer einer vom Lustprinzip ersehnten Situation ergibt nur ein Gefühl von lauem Behagen; wir sind so eingerichtet, daß wir nur den Kontrast intensiv genießen kön-

nen.« (IX: 208) Die Einsicht in den episodischen Charakter der Lust führt die Menschen dazu, den Glücksanspruch zu »ermäßigen« und sich daran zu orientieren, wie Leid zu vermeiden ist. Hier setzt sich das Realitätsprinzip durch. Es hebt das Streben nach Lust nicht auf, sondern ermöglicht zweckmäßige Umwege und demonstriert doch zugleich, daß sich das reine Lustprinzip nicht durchsetzen läßt: »Alle Einrichtungen im All widerstreben ihm; man möchte sagen, die Absicht, daß der Mensch ›glücklich‹ sei, ist im Plan der ›Schöpfung‹ nicht enthalten.« (IX: 208) Das Realitätsprinzip benennt die Hindernisse, die sich dem Anspruch auf Glück entgegenstellen – die drei Leidensquellen: Übermacht der Natur, Hinfälligkeit des Körpers, Unzulänglichkeiten in Familie, Staat und Gesellschaft. Freud nennt es erstaunlich, daß auch die Institutionen, die der Mensch eingerichtet hat, um sich gegen das Leiden zu schützen, selbst zur Ursache von Leiden werden. Diese Institutionen faßt Freud unter der Perspektive von Kultur zusammen, zwischen Kultur und Zivilisation unterscheidet er im übrigen nicht. Die Kultur, die eigentlich Glücksansprüche einlösen sollte, steht im Widerspruch zum Lustprinzip, und »es scheint festzustehen, daß wir uns in unserer heutigen Kultur nicht wohl fühlen«. Aber sosehr die Kultur auch im Widerspruch zu Sexualität und Individualität steht, sosehr sie den Lustgewinn mindert, allein darin sieht Freud das Unbehagen in der Kultur nicht begründet, sondern entscheidend in der Triebstruktur des Menschen, »daß er zu seinen Triebbegabungen auch einen mächtigen Anteil von Aggressionsneigung rechnen darf«. (IX: 240) Diese Aggressionsneigung beeinträchtigt die Beziehungen der Menschen untereinander und zwingt die Kultur zu einem hohen Aufwand an Energie. »Die Kultur muß alles aufbieten, um den Aggressionstrieben der Menschen Schranken zu setzen, ihre Äußerungen durch psychische Reaktionsbildungen niederzuhalten.« (IX: 241)

Hier wird deutlich, wie weit sich das *Unbehagen in der Kultur* von der Orientierung am Lustprinzip entfernt hat. Der Aggressionstrieb ist nicht mehr unter der Perspektive von

Lustgewinn und Unlustvermeidung zu verstehen, daher
greift Freud auf die umformulierte Triebtheorie aus *Jenseits des Lustprinzips* zurück. Es ist der Todestrieb, der den
Rahmen des Lustprinzips sprengt und jetzt im Kontrast zu
den Lebenstrieben auftritt. Den Lebenstrieben kommt die
Aufgabe zu, »immer größere Einheiten herzustellen und
so zu erhalten, also Bindung«; Ziel der Todestriebe dagegen ist es, »Zusammenhänge aufzulösen und so die Dinge
zu zerstören«. (A: 12) Diese Triebambivalenz hat Freud in
seiner Kulturtheorie vorausgesetzt. Zu den Konsequenzen der neuen Triebtheorie gehört auch, daß die Regulie-
rung der destruktiven Energie der Todestriebe als psychische Instanz eingeführt wird, und zwar als das Über-Ich.
Mit dem Ich und dem Es stellt es die Pole der Topik dar,
die Freud in *Das Ich und das Es* neu konzipiert. Die Entstehung des Über-Ich markiert das Ende der ödipalen Situation, wenn das Kind die Autorität der Eltern verinnerlicht.
Das Über-Ich verkörpert Normen und zugleich das Verbot,
sie zu übertreten, für die Bewältigung des Aggressions-
triebs spielt es eine merkwürdige, aber entscheidende
Rolle. »Etwas sehr Merkwürdiges, das wir nicht erraten
hätten und das doch so nahe liegt. Die Aggression wird in-
trojiziert, verinnerlicht, eigentlich aber dorthin geschickt,
woher sie gekommen ist, also gegen das eigene Ich ge-
wendet. Dort wird sie von einem Anteil des Ichs über-
nommen, das sich als Über-Ich dem übrigen entgegen-
stellt und nun als ›Gewissen‹ gegen das Ich dieselbe
strenge Aggressionsbereitschaft ausübt, die das Ich gerne
an anderen, fremden Individuen befriedigt hätte. Die
Spannung zwischen dem gestrengen Über-Ich und dem
ihm unterworfenen Ich heißen wir Schuldbewußtsein; sie
äußert sich als Strafbedürfnis. Die Kultur bewältigt also
die gefährliche Aggressionslust des Individuums, indem
sie es schwächt, entwaffnet und durch eine Instanz in seinem Inneren, wie durch eine Besatzung in der eroberten
Stadt, überwachen läßt.« (IX: 250)
Das Schuldbewußtsein bringt das Individuum in eine aus-
weglose Situation. Freud unterscheidet zwei Ursprünge.

Zum einen entsteht das Schuldbewußtsein aus Angst vor der äußeren Autorität; durch den Verzicht auf Trieb-befriedigung läßt sich diese Angst bewältigen. Zum ande-ren läßt sich aber die Angst vor der inneren Autorität des Über-Ich nach diesem Muster nicht bewältigen. Hier ge-nügt bloßer Triebverzicht nicht; solange der Wunsch nach einer verbotenen Befriedigung besteht, ist auch das Straf-bedürfnis aktiviert: Vor dem Über-Ich gelten die böse Tat und die böse Absicht gleich viel. »Der Triebverzicht hat nun keine voll befreiende Wirkung mehr, die tugendhafte Enthaltung wird nicht mehr durch die Sicherung der Liebe gelohnt, für ein drohendes äußeres Unglück – Lie-besverlust und Strafe von seiten der äußeren Autorität – hat man ein andauerndes inneres Unglück, die Spannung des Schuldbewußtseins, eingetauscht.« (IX: 254)
Dieses innere Unglück läßt sich nicht beheben. Es hat seinen Grund in der Ambivalenz von Lebens- und Aggres-sionstrieben: Bindungen herzustellen und Zusammen-hänge aufzulösen. »Da die Kultur einem inneren eroti-schen Antrieb gehorcht, der sie die Menschen zu einer innig verbundenen Masse vereinigen heißt, kann sie dies Ziel nur auf dem Wege einer immer wachsenden Verstär-kung des Schuldgefühls erreichen.« (IX: 258) Das ist der eigentliche Grund für das Unbehagen in der Kultur. Freud hat das innere Unglück als Triebschicksal ausgelegt, dem das Individuum nicht entkommt. Diesem Befund läßt sich kein Trost entnehmen. Es gehört aber zu den entscheiden-den Einsichten Freuds, daß die Triebe von Natur aus un-bestimmt sind und durch die Kultur erst bestimmt werden müssen. Wenn die Kultur das Ich »schwächt, entwaffnet und durch eine Instanz in seinem Innern, wie durch eine Besatzung in der eroberten Stadt, überwachen läßt«, dann steht die psychoanalytische Parole, *wo Es war, muß Ich wer-den*, für eine andere Kultur.
↑*Jenseits des Lustprinzips, Das Ich und das Es*

Die Traumdeutung (1900)   Freud hat *Die Traumdeutung* bis zuletzt als sein wichtigstes Werk betrachtet. Ihr rechnet er

das Verdienst zu, in der mehr als zweitausendjährigen Geschichte der Traumdeutungen das Rätsel der Träume gelöst
zu haben. Zum anderen sieht Freud die Grundeinsicht der
Psychoanalyse am Beispiel der Träume glänzend illustriert:
daß sich das seelische Leben weit über die Grenzen des Bewußten erstreckt. Deswegen erscheint die *Traumdeutung*
als »Königsweg zum Unbewußten«. Das gilt auch für Freud
selbst. Die Analyse der eigenen Träume ist ein gewichtiges
Stück seiner Selbstanalyse, die ihn zu grundlegenden Einsichten in die psychische Struktur führt. Die Entdeckung
zum Beispiel, daß die frühe Kindheit von Inzest- und Ge-
waltphantasien gegen die Eltern begleitet wird, hat Freud
seinen Träumen entnommen und später als Ödipuskomplex verallgemeinert.
Die *Traumdeutung* ist Ende 1899 erschienen. Daß es wirklich ein Buch für das 20. Jahrhundert war, wird der Verleger kaum geahnt haben, als er das Erscheinungsjahr auf
1900 vordatierte. Einblick in die Arbeit an der *Traumdeutung* bieten die Briefe an den Arzt Wilhelm Fließ, mit dem
Freud einige Zeit eng befreundet war und alle Probleme,
Zweifel, Krisen besprochen hat. Mit der *Traumdeutung* hat
die Psychoanalyse ihr theoretisches Fundament erhalten,
das durch alle Veränderungen doch im Kern bestehen-
bleibt. Zum Traumdeuter der Moderne konnte Freud werden, weil er in den Träumen eine Sprache entdeckte, die
jedesmal individuell verstanden werden muß und doch
nach allgemeinen Regeln funktioniert.
Für den Mangel aller bisherigen Traumtheorien hält
Freud, daß sie den Traum auf die Traumbilder reduzieren,
die in der Erinnerung manifest geworden sind. Im ekla-
tanten Unsinn der Träume ließ sich dann eine Botschaft
der Götter vermuten und als Hinweis auf das Schicksal
auslegen; oder aber die merkwürdigen Bilder der Nacht
sind als Niederschläge bloß körperlicher Vorgänge klassifiziert worden, die ohne Bedeutung bleiben. Freud will
hinter die manifesten Träume kommen, und er versteht
sie als Ergebnis psychischer Prozesse, die er unter dem Titel Traumarbeit zusammenfaßt. Die einzelnen Traumbil-

der lassen sich dann nicht mehr als Abbild irgendeiner Art
von Realität verstehen, sondern erscheinen als Spuren einer seelischen Bewegung, die als ganze analysiert werden muß. Erst wenn wir die Arbeit zurückverfolgen, die
Traumbilder hervorgebracht hat, offenbart sich der Sinn
der Träume, der nicht im manifesten Ausdruck liegt – im
Bildwert –, sondern in den Beziehungen zwischen den
Bildern – in der Zeichenbeziehung. So heißt es in der Ein-
leitung zum VI. Kapitel der *Traumdeutung*: »Der Trauminhalt ist gleichsam in einer Bilderschrift gegeben, deren
Zeichen einzeln in die Sprache der Traumgedanken zu
übertragen sind. Man würde offenbar in die Irre geführt,
wenn man diese Zeichen nach ihrem Bildwert anstatt
nach ihrer Zeichenbeziehung lesen würde.« (II: 280)
Wie sich diese Leseanweisung umsetzen läßt, kann an einem Traum Freuds deutlich werden: *Mein Freund Otto sieht
schlecht aus, ist braun im Gesicht und hat vortretende Augen.* (II:
273–275, 530, 534)
Otto ist der Hausarzt der Familie Freud, er war am Traumtag zu Besuch und sah dabei müde und abgespannt aus.
Nun ist Freud in seinem Traum keineswegs besorgt um die
Gesundheit seines Freundes. Eine solche realistische Deutung hätte keine Erklärung dafür, daß Otto braun im Gesicht ist und hervortretende Augen hat. Freud erkennt
darin die Zeichen der Basedowschen Krankheit, was aber
auf Otto nicht zutrifft, sondern auf andere Personen und
einen anderen Schauplatz verweist. Freud erinnert sich
an eine Szene während eines Ausflugs vor sechs Jahren,
an dem auch Prof. R. teilnimmt. Nach einem Unfall erreicht die Ausflugsgesellschaft einen Gasthof. Dort erscheint ein Mann (Baron L.), der unverkennbar unter der
Basedowschen Krankheit leidet. Er bietet seine Hilfe an,
Prof. R. bittet ihn um eine Gefälligkeit.
Durch diese wenigen Assoziationen ist der manifeste
Traum bereits so weit aufgelöst, daß dahinter ein Sinn er-
kennbar wird, der sich von der Oberfläche der Traumbilder aus niemals erschließen läßt. Dieser Sinn, den Freud
latenten Traumgedanken nennt, ist das Ergebnis der

Traumarbeit. Sie ist für die merkwürdigen Verschiebungen zwischen den Personen und den Eigenschaften verantwortlich und läßt sich hier ungefähr so beschreiben: Otto wird durch Baron L. dargestellt, wobei diese Identifizierung zunächst dadurch motiviert ist, daß beide um etwas gebeten werden: Baron L. von Prof. R. und Otto von Freud (nämlich darum, sich um seine Kinder zu kümmern, wenn ihm etwas zustoßen sollte). Der Sinn der Traumarbeit kann verständlich werden, wenn wir nach dem Interesse des Träumers fragen. Charakteristisch an diesem Interesse ist jedoch, daß es in der Traumarbeit unbewußt geblieben ist und deswegen im Vokabular der Psychoanalyse Wunsch heißt. Gemeint ist damit, daß unser Handeln immer auch von Motiven bestimmt wird, die unbewußt sind und dennoch unser Bewußtsein jederzeit überspielen können – im Traum, in den Fehlleistungen des Alltags oder in der Krankheit. Deswegen lautet die Formel der *Traumdeutung*: Der Traum ist eine Wunscherfüllung.

Es bleibt noch, auf den Wunsch zurückzukommen, den sich Freud mit seinem Traum *Otto sieht schlecht aus* erfüllt hat. Der Traum ermöglicht durch die Darstellung von Otto als Baron L. zugleich, daß Freud sich mit Prof. R. identifizieren kann. Darauf aber kam es an. »Professor R. [...] hat ähnlich wie ich seinen Weg außerhalb der Schule selbständig verfolgt und ist erst in späten Jahren zu dem längst verdienten Titel gelangt. Ich will also wieder einmal Professor werden.«

Dieser Wunsch ist für sich genommen keineswegs unbewußt; er läßt sich jederzeit formulieren und sogar vernünftig begründen. Unbewußt im psychoanalytischen Sinn sind jedoch die Bahnen, auf denen der Wunsch das psychische Leben besetzt, um sich Ausdruck zu verschaffen. Im Traum kann sich der Wunsch nur deswegen als erfüllt darstellen, weil er affektiv hochbesetzt und mit anderen Wünschen verknüpft ist.

↑ *Traum von der botanischen Monographie*, Wunsch, Wilhelm Fließ

Dora: eine kleine Hysterie Eine »petite hystérie« nennt
Freud die Symptome seiner Patientin Dora: Migräne-
anfälle, nervöses Husten, Stimmlosigkeit, Depressionen.
Dora war 18 Jahre alt, als sie im Oktober 1900 zu Freud
kam, und sie brach die Behandlung nach knapp drei Monaten ab. Eine Studie zu ihrem Fall hat Freud nur wenige
Wochen später abgeschlossen, sie sollte unter dem Titel
Traum und Hysterie veröffentlicht werden. Aber erst vier
Jahre später ist Doras Krankengeschichte als *Bruchstück
einer Hysterie-Analyse* erschienen. Tatsächlich ist die Aufklärung der Symptome hier ebenso unvollständig geblieben wie die Heilung der Patientin. Der ursprüngliche Titel
deutet an, wie sehr es Freud darum ging, an den Träumen
Doras zu demonstrieren, daß sich die Traumdeutung in der
Analyse bewährt.
Freud hält sich in der Hysterie-Analyse an die Regel, daß
ein Symptom mehrere Bedeutungen hat, daß aber wenigstens eine Bedeutung Ausdruck einer Phantasie mit sexuellem Inhalt ist. Im Fall Dora muß er nach dieser notwen-
digen Bedingung nicht lange suchen. Er findet seine
Patientin in eine komplizierte sexuelle Szenerie verwik-
kelt, zu der ihr Vater und das Ehepaar K. gehören. Frau K.
hat eine intensive außereheliche Beziehung zu Doras Vater, mit Dora ist sie freundschaftlich verbunden. Zunächst
ungetrübt ist Doras Beziehung zu Herrn K., mit sechzehn
beschuldigt sie ihn sexueller Übergriffe und verweigert je-
den weiteren Umgang. Im Gespräch ergibt sich, daß Dora
ihren Vater für impotent hält, seine Beziehung zu Frau K.
aber als sexuelle versteht. Freuds Frage, wie das zusam-
mengehe, irritiert Dora nicht. »Es sei ihr wohlbekannt,
sagte sie, daß es mehr als eine Art sexueller Befriedigung
gebe.« (VI: 122) An dieser Stelle werden die Bedingungen
greifbar, unter denen sich der nervöse Husten als Symptom
deuten läßt: Dora stellt sich die Beziehung zwischen ihrem
Vater und Frau K. als Oralverkehr vor und verdrängt diese
Vorstellung zugleich. Abgespalten von der ursprünglichen
Vorstellung, können die entsprechenden Körperteile – Hals
und Mundhöhle – besetzt und immer wieder als Darstel-

lung derselben Szene eingesetzt werden. So ergibt die Hysterie-Analyse hier, daß Dora sich »mit ihrem stoßweise erfolgenden Husten, der wie gewöhnlich einen Kitzel im Halse als Reizanlaß angab, eine Situation per os zwischen den zwei Personen vorstellte, deren Liebesbeziehung sie unausgesetzt beschäftigte«. (VI: 122 f.)

Am Fall Dora fällt vor allem das hohe Tempo auf, in dem Freud seine Patientin mit Deutungen konfrontiert – als habe er schon geahnt, daß nur wenig Zeit bleiben würde. Vielleicht ist es aber gerade der massive Behandlungsstil, der den frühzeitigen Abbruch der Therapie provoziert hat. Es ist offenkundig, daß Dora sich von Freud mehr Verständnis für ihre Situation erhofft; aber auch, daß Freud Doras unbewußte Wünsche nicht angemessen berücksichtigt hat. Die Symptome ihrer Krankheit sind verknüpft mit der Frage ihrer Glaubwürdigkeit: Ihre Behauptung, sie sei mit sechzehn von Herrn K. sexuell belästigt worden, wird von ihrem Vater als pubertäre Phantasie abgetan. Für Freud stellt sich die Frage ihrer Glaubwürdigkeit nicht, weil er annimmt, daß Dora schon zum Zeitpunkt dieser möglichen Verführungsszene krank war. Er hört deswegen in allem, was sie sagt, nur auf die hysterischen Töne. Vielleicht hat Dora gespürt, daß Freud eher daran interessiert war, sie zu heilen, als sie in ihrer Krankheit zu verstehen. Sie hätte damit einen der Gründe berührt, den Freud im *Nachwort* als Problem benannt hat: »Es gelang mir nicht, der Übertragung rechtzeitig Herr zu werden; durch die Bereitwilligkeit, mit welcher sie mir den einen Teil des pathogenen Materials in der Kur zur Verfügung stellte, vergaß ich die Vorsicht, auf die ersten Zeichen der Übertragung zu achten, welche sie mit einem, mir unbekannt gebliebenen Teile desselben Materials vorbereitete.« (VI: 182)
↑Hysterie, Übertragung

Drei Abhandlungen zur Sexualtheorie (1905) Als die *Drei Abhandlungen* 1905 erscheinen, ist Sexualität durchaus schon ein etabliertes Thema der Wissenschaft. Freud kann sich zum Beispiel auf Arbeiten von Ellis, Krafft-Ebing,

Hirschfeld, Bloch, Bell oder Mohl stützen. Über Perversionen, aber auch über frühkindliche Sexualität wird längst
diskutiert. Insofern ist Freuds Arbeit keineswegs originell.
Bedeutsam sind die *Drei Abhandlungen*, weil sie einen Begriff von Sexualität zur Verfügung stellen, der das Selbstverständnis des Menschen berührt, und nicht nur das
sexuelle. Skandalös an der psychoanalytischen Sexualtheorie ist, daß sie die Vorstellung von Normalität erschüttert, weil sie die Abgrenzung des Normalen von der Abweichung und von der Krankheit für bloß konventionell
begründet hält. Was die Konvention getrennt hat, verbindet Freud: Gesundheit, Perversion, Neurose lassen sich unter dem einheitlichen Aspekt einer allgemeinen Psychologie interpretieren. »Ich konnte durch den Hinweis auf die
infantilen Charaktere der Sexualität eine einfache Verknüpfung zwischen Gesundheit, Perversion und Neurose
herstellen.« (V: 155) In dieser einfachen Verknüpfung liegt
die Sprengkraft der *Drei Abhandlungen*.

Die erste Abhandlung macht die »sexuellen Abirrungen«
zum Thema: Hermaphroditismus, Homosexualität, Päd-
erastie, Sodomie, Fetischismus, Exhibitionismus, Sadismus,
Masochismus, Koprophilie, Nekrophilie zum Beispiel. Alle
diese Abweichungen überschreiten die Norm, aber nicht
die Sexualität. Um diese Pointe plausibel zu machen, stellt
Freud die Norm in Frage, die er in der Festlegung von Sexualität auf Fortpflanzung sieht. Die Kritik an der populären Meinung eröffnet die *Drei Abhandlungen*.

»Die populäre Meinung macht sich ganz bestimmte Vorstellungen von der Natur und den Eigenschaften dieses
Geschlechtstriebes. Er soll der Kindheit fehlen, sich um
die Zeit und im Zusammenhang mit dem Reifungsvorgang
der Pubertät einstellen, sich in den Erscheinungen unwiderstehlicher Anziehung äußern, die das eine Geschlecht
auf das andere ausübt, und sein Ziel soll die geschlechtliche Vereinigung sein oder wenigstens solche Handlungen,
welche auf dem Wege zu dieser liegen. Wir haben allen
Grund, in diesen Angaben ein sehr ungetreues Abbild der
Wirklichkeit zu erblicken; faßt man sie schärfer ins Auge,

so erweisen sie sich überreich an Irrtümern, Ungenauig-
keiten und Voreiligkeiten.« (V: 47)
Freud hebt die Reduktion von Sexualität auf Fortpflanzung
auf, so daß jetzt alle Formen sexueller Befriedigung in den
Blick kommen. Für die Perversionen gilt, daß sie sexuell
motiviert, aber nicht an der Fortpflanzung orientiert sind,
sondern ausschließlich am Lustgewinn. Deswegen werden
sie pervers genannt: »Was allein dem Lustgewinn dient,
wird mit dem nicht ehrenvollen Namen des *Perversen* belegt
und als solches geächtet.« Aus dieser Perspektive zeigt sich,
daß eine strikte Abgrenzung von pervers und normal gar
nicht möglich ist. Schon der Kuß wäre im strengen Sinn
pervers, »denn er besteht in der Vereinigung zweier eroge-
nen Mundzonen an Stelle der beiden Genitalien«. (I: 317)
Wenn die Perversionen nichts anderes sind als auf Lustgewinn fixierte Sexualität, dann stellt sich die Frage nicht, ob
sie angeboren oder erworben sind. Auch diese Unterscheidung hat Sinn nur in der populären Meinung, die Freud
für biologisch reduziert hält, weil sie Sexualität als Instinkt
behandelt. »Nun bietet sich uns die Entscheidung, daß
den Perversionen allerdings etwas Angeborenes zugrunde
liegt, aber etwas, *was allen Menschen angeboren* ist, als Anlage in seiner Intensität schwanken mag und der Hervor-
hebung durch Lebenseinflüsse wartet. Es handelt sich um
angeborene, in der Konstitution gegebene Wurzeln des Se-
xualtriebes, die sich in einer Reihe von Fällen zu den wirklichen Trägern der Sexualtätigkeit entwickeln (Perverse),
andere Male eine ungenügende Unterdrückung (Verdrängung) erfahren, so daß sie auf einem Umweg als Krank-
heitssymptome einen beträchtlichen Teil der sexuellen
Energie an sich ziehen können, während sie in den gün-
stigsten Fällen zwischen beiden Extremen durch wirksame
Einschränkung und sonstige Verarbeitung das sogenannte
normale Sexualleben entstehen lassen.« (V: 80)
Die erste Abhandlung holt die Perversionen in den Rahmen einer allgemeinen psychischen Theorie zurück und
stellt eine Verbindung zur normalen Sexualität her. Aus
dieser Perspektive wird aber auch in der frühen Kindheit

eine Form der Sexualität sichtbar, die im psychoanalytischen Sinn pervers erscheint, weil sie ohne Bezug auf die Fortpflanzung ist. Das ist das Thema der zweiten Abhandlung. »Die Loslösung der Sexualität von den Genitalien hat den Vorteil, daß sie uns gestattet, die Sexualbetätigung der Kinder und der Perversen unter dieselben Gesichtspunkte zu bringen wie die der normalen Erwachsenen, während die erstere bisher völlig vernachlässigt, die andere zwar mit moralischer Entrüstung, aber ohne Verständnis aufgenommen wurde.« (S: 67) Freud kommt es darauf an zu zeigen, daß das Kind vor der Pubertät eine eigene Sexualität entwickelt hat. »Wer ein Kind gesättigt von der Brust zurücksinken sieht, mit geröteten Wangen und seligem Lächeln in Schlaf verfallen, der wird sich sagen müssen, daß dieses Bild auch für den Ausdruck der sexuellen Befriedigung im späteren Leben maßgebend bleibt.« (V: 89)

Freud sieht die infantile Sexualität noch nicht genital ausgerichtet. Das Kind ist autoerotisch und bezieht seine Lust aus der Erregung bestimmter Körperstellen, die als erogene Zonen dienen. »Wir erfahren also, daß der Säugling Handlungen ausführt, die keine andere Absicht als die des Lustgewinns haben. Wir glauben, daß er diese Lust zuerst bei der Nahrungsaufnahme erlebt, aber bald gelernt hat, sie von dieser Bedingung abzutrennen. Wir können den Lustgewinn nur auf die Erregung der Mund- und Lippenzone beziehen, heißen diese Körperteile *erogene Zonen* und bezeichnen die durch Lutschen erzielte Lust als eine *sexuelle*.« (I: 310) Der Trieb ist hier nicht auf ein Ziel zentriert, sondern in Partialtriebe zerstreut, die zwar unabhängig voneinander agieren, im Laufe der Entwicklung aber auf unterschiedliche Triebziele fixiert werden. Daraus ergeben sich dann die drei Stufen frühkindlicher Sexualität: oral, anal und phallisch. Insgesamt machen diese Eigenschaften das aus, was Freud den polymorph perversen Charakter frühkindlicher Sexualität nennt. Es liegt auf der Hand, daß damit der Mythos von der sexuellen Unschuld der Kindheit gründlich ruiniert war.

Für Freuds Verständnis menschlicher Sexualität entscheidend ist, daß die Sexualentwicklung im fünften oder sechsten Jahr unterbrochen wird durch eine Latenzzeit, die
erst mit der Pubertät endet. Für »merkwürdig« und »folgenschwer« hält Freud, daß der Mensch zweimal mit seiner Sexualität beginnen muß. »Die Tatsache des *zweizeitigen Ansatzes* der Sexualentwicklung beim Menschen, also
die Unterbrechung dieser Entwicklung durch die Latenzzeit, erschien uns besonderer Beachtung würdig. Sie
scheint eine der Bedingungen für die Eignung des Menschen zur Entwicklung einer höheren Kultur, aber auch
für seine Neigung zur Neurose zu enthalten. Bei der tierischen Verwandtschaft des Menschen ist unseres Wissens
etwas Analoges nicht nachweisbar.« (V: 137) In der Latenzzeit – zwischen fünf und zwölf Jahren – werden die
Objektbesetzungen verdrängt, die sexuellen Strebungen
wandeln sich in zärtliche um, die aggressiven Energien
richten sich nach innen und können zur Differenzierung
der psychischen Organisation eingesetzt werden, vor allem zur Ausbildung von Gewissen, Selbstbeobachtung,
Selbstkontrolle. Auf dieser Stufe sexueller Latenz ist die
Aufmerksamkeit frei für die Anforderungen, die Kultur
und Gesellschaft an das Kind stellen. Mit der Pubertät beginnt die Sexualität ein zweites Mal. Das ist das Thema der
dritten Abhandlung: *Die Umgestaltungen der Pubertät.*
Für die Pubertät entscheidend ist, daß die alten Besetzungen aus der frühen Kindheit nicht mehr zur Verfügung
stehen und dennoch unbewußt wirksam bleiben. Die Partialtriebe sind mit der frühen Kindheit nicht verschwunden, sondern bilden eine Grundlage auch für die erwach-
sene Sexualität. Die Entwicklung in der Pubertät zielt
darauf ab, die Partialtriebe dem Primat der Genitalzonen
unterzuordnen und auf Objekte, d. h. auf andere Personen einzustellen. Soweit das gelingt, ist Sexualität normal
ausgerichtet. Freud läßt aber keinen Zweifel daran, daß
Normalität ungesichert bleibt. An dieser Konstellation
läßt sich ablesen, daß die »einfache Verknüpfung zwischen Gesundheit, Perversion und Neurose« genau die

Botschaft der psychoanalytischen Sexualtheorie ist. »*Die Norm* ergab sich aus der Verdrängung gewisser Partialtriebe und Komponenten der infantilen Anlagen und der Unterordnung der übrigen unter das Primat der Genitalzonen im Dienste der Fortpflanzungsfunktion; *die Perversionen* entsprachen Störungen dieser Zusammenfassung durch die übermächtige zwangsartige Entwicklung einzelner Partialtriebe, und *die Neurose* führte sich auf eine zu weitgehende Verdrängung der libidinösen Strebungen zurück. Da fast alle perversen Triebe der infantilen Anlage als symptombildende Kräfte bei der Neurose nachweisbar sind, sich aber bei ihr im Zustande der Verdrängung befinden, konnte ich die Neurose als das ›Negativ‹ der Perversion bezeichnen.« (V: 155)
An den *Drei Abhandlungen* ist manches überholt, manches inzwischen selbstverständlich geworden. Das gilt nicht für die Botschaft, die Freuds Sexualtheorie immer noch aussendet: Ihrer allgemeinen Bestimmung nach zielt Sexualität auf Lustgewinn und ist insofern selbst pervers.
↑ Pansexualismus, Perversion

Drei Kränkungen *Eine Schwierigkeit der Psychoanalyse* lautet der Titel einer kleinen Schrift von 1917. Die Schwierigkeit, so heißt es dort, ist nicht intellektuell, sondern affektiv begründet: Die Psychoanalyse bezweifelt das Selbstverständnis des Menschen, souverän und autonom über sich und die Welt zu verfügen. Weil an diesem Selbstbild die Eigenliebe der Menschheit hängt, wird die Psychoanalyse als Zumutung empfunden: genauer aber, so lautet Freuds Befund, als Kränkung des allgemeinen Narzißmus, der Eigenliebe der Menschheit. Daß die Menschheit jedesmal gereizt reagiert, wenn ihr Selbstverständnis durch die Wissenschaft erschüttert wird, findet Freud verständlich. In der Geschichte der Menschheit sieht er drei schwere Kränkungen. Sie alle zerstören die Illusion von der zentralen Stellung des Menschen und setzen Dezentrierungen in Gang.
1. Kopernikus hat gezeigt, daß die Erde nicht im Mittel-

punkt des Weltalls steht, so hat »die menschliche Eigenliebe ihre erste, die *kosmologische* Kränkung erfahren«. (D:
134)

2. Seit Darwin ist die Stellung des Menschen als Zentrum
der Lebewesen relativiert. »Der Mensch ist nichts anderes
und nichts Besseres als die Tiere, er ist selbst aus der Tier-
reihe hervorgegangen, einigen näher, anderen ferner ver-
wandt. [...] Dies ist aber die zweite, die *biologische* Kränkung des menschlichen Narzißmus.« (D: 134f.)

3. Die dritte Kränkung ist psychologischer Natur, und hier
trägt Freud sich selbst in die Liste der weltgeschichtlichen
Zumutungen ein. Die Psychoanalyse wendet sich an das
Ich, und sie kann ihm endlich sagen: »Du vertraust darauf, daß du alles erfährst, was in deiner Seele vorgeht,
wenn es nur wichtig genug ist, weil dein Bewußtsein es
dir dann meldet. Und wenn du von etwas in deiner Seele
keine Nachricht bekommen hast, nimmst du zuversichtlich an, es sei in ihr nicht enthalten. Ja, du gehst so weit,
daß du ›seelisch‹ für identisch hältst mit ›bewußt‹, d. h. dir
bekannt, trotz der augenscheinlichen Beweise, daß in
deinem Seelenleben beständig viel mehr vor sich gehen
muß, als deinem Bewußtsein bekannt werden kann. Laß
dich doch in diesem einen Punkt belehren!« (D: 137)
Die Kränkung durch die Psychoanalyse hält Freud für die
schwerste. Nachdem der Mensch seine zentrale Stellung
im Kosmos und unter den Lebewesen verloren hat, geht
es jetzt um das, was er immer schon für das Eigenste gehalten hat, seine Seele. Die Botschaft der Psychoanalyse
lautet, »daß das *Ich nicht Herr sei in seinem eigenen Haus*«.
(D: 137) In aller Deutlichkeit ist hier der Anspruch der
Psychoanalyse formuliert, für weit mehr zuständig zu sein
als für psychische Krankheiten. Die Botschaft ist an alle
gerichtet und fordert nicht weniger, als die Illusion von
der Selbstermächtigung des Ich aufzugeben. »Geh in dich,
in deine Tiefen und lerne dich erst kennen, dann wirst du
verstehen, warum du krank werden mußt, und vielleicht
vermeiden, krank zu werden.« (D: 137)
↑*Das Ich und das Es*

F

Familienroman Unter diesem Ausdruck versteht Freud die Phantasien, in denen das Kind sich ein Bild von seinen Eltern erfindet, das seinen Wünschen entspricht. In den paranoiden Wahnvorstellungen sind solche Phantasien häufig anzutreffen. Sie finden sich bei neurotischen Störungen ebenso wie in der normalen Entwicklung.

Für einen Familienroman bietet Freuds Familie ausreichend Stoff. Freuds Mutter Amalia ist zwanzig Jahre jünger als sein Vater Jacob. Sie ist aber auch jünger als Emanuel, Jacobs Sohn aus erster Ehe, der selbst schon Kinder hat, und sie ist nur ein Jahr älter als Emanuels Bruder Philipp. Freud wird 1856 geboren, und er stellt sich die Beziehungen zwischen den Personen auf seine Weise vor. Die drei fast Gleichaltrigen denkt er sich irgendwie zusammen – seine Mutter und seine beiden Halbbrüder – und schließt dabei den Vater aus, der sein Großvater hätte sein können. In der *Psychopathologie des Alltagslebens* findet sich der Hinweis, daß er mit knapp drei Jahren eine Verbindung zwischen seinem Bruder Philipp und seiner Mutter phantasiert, als seine Schwester Anna geboren wird. Zur familiären Unübersichtlichkeit gehört auch, daß Freud als Onkel jünger ist als sein Neffe John, Sohn seines Bruders Emanuel und Spielkamerad der ersten Jahre. Eine spätere Begegnung mit John löst bei Freud die Phantasie aus, was geworden wäre, wenn er nicht als Sohn des Vaters, sondern des Bruders zur Welt gekommen wäre. In der *Psychopathologie* wird diese – dann unterdrückte – Phantasie als Quelle einer Fehlleistung aufgeklärt: Freud verwechselt in der Deutung eines Traums Hasdrubal mit Hamilkar – den Bruder mit dem Vater.

Freud konnte in seinen komplizierten Familienverhältnissen das meiste schon finden, was unter anderen Umständen zur neurotischen Störung führt. Sein Familienro-

man war die Hauptquelle für seine Selbstanalyse, die zum
entscheidenden Schritt für die Begründung der Psychoanalyse geworden ist.
↑Selbstanalyse, Amalia Freud, Jacob Freud

Famillionär – Der Witz und das Unbewußte Wie das
Unbewußte funktioniert, macht Freud sich nicht nur an
den psychischen Störungen verständlich, sondern immer
wieder am ganz normalen Seelenleben: am Traum, an den
Fehlleistungen des Alltags und am Witz. Ähnlichkeiten
zwischen Traum und Witz bemerkt Freud schon früh, er
sammelt Anekdoten und jüdische Geschichten. Zum Beispiel »einer der ›Badewitze‹, welche die Badescheu der
Juden in Galizien behandeln. Wir verlangen nämlich keinen Adelsbrief von unseren Beispielen, wir fragen nicht
nach ihrer Herkunft, sondern nur nach ihrer Tüchtigkeit,
ob sie uns zum Lachen zu bringen vermögen und ob sie
unseres theoretischen Interesses würdig sind. Beiden diesen Anforderungen entsprechen aber gerade die Juden-
witze am besten.
Zwei Juden treffen in der Nähe des Badehauses zusammen. ›Hast du genommen ein Bad?‹ fragt der eine. ›Wieso?‹
fragt der andere dagegen. ›Fehlt eins?‹« (IV: 49)
1905 erscheint *Der Witz und seine Beziehungen zum Unbewußten*. Dort findet sich die Vermutung bestätigt, daß der
Witz nach denselben Mechanismen zustande kommt wie
der Traum, demonstriert wird das an einem Beispiel aus
Heines *Reisebildern*. »In dem Stück der *Reisebilder*, welches
die ›Bäder von Lucca‹ betitelt ist, führt H. Heine die köstli-
che Gestalt des Lotteriekollekteurs und Hühneraugenope-
rateurs Hirsch-Hyacinth aus Hamburg auf, der sich gegen
den Dichter seiner Beziehungen zum reichen Baron Rothschild berühmt und zuletzt sagt: Und so wahr mir Gott alles Gute geben soll, Herr Doktor, ich saß neben Salomon
Rothschild, und er behandelte mich ganz *famillionär*.« (IV:
20) Was den komischen Effekt ausmacht, zeigt sich sofort,
wenn wir den Sinn in eine andere sprachliche Form übertragen, zum Beispiel: »Rothschild behandelte mich ganz

wie seinesgleichen, ganz *familiär*, d. h. soweit ein *Millionär* das zustande bringt.« (IV: 21) Ganz offenbar hängt der Witz vom sprachlichen Ausdruck ab. In *famillionär* wird die Beschreibung einer Situation (Rothschild behandelte mich ganz familiär) zugleich eingeschränkt (soweit ein Millionär das kann). Verdichtung mit Ersatzbildung, was hier zu einem Mischwort führt: Das wäre die technische Erklärung der Witzproduktion. Unter Verdichtung versteht Freud, daß eine ganze Serie von Vorstellungen, die untereinander assoziativ verbunden sind, durch eine einzige vertreten wird. In *famillionär* ist die Verdichtungsrate nicht sehr hoch, trotzdem gelingt eine erhebliche Verkürzung durch die Mischung zweier Ausdrücke, die nicht sinnverwandt, aber ähnlich lautend sind. Klangassoziation allein würde noch keinen Witz ausmachen, die sinnvolle Verknüpfung beider Ausdrücke ergibt sich erst in einer bestimmten Situation. Die Verschiebung spielt für den Witz keine so entscheidende Rolle wie im Traum. Unter Verschiebung versteht Freud, daß der besondere Akzent und die affektive Bedeutung einer Vorstellung übertragen werden auf Vorstellungen, die ursprünglich ohne besondere affektive Tönung sind. So lassen sich Hindernisse und Zensuren umgehen, indem etwas Bedeutsames durch etwas Unbedeutsames dargestellt wird. Im Witz geht es aber darum, die Spannung zwischen dem, was ausgedrückt, und dem, was unterdrückt werden soll, in der Balance zu halten und sprachlich darzustellen. Das Anstößige und Unsinnige soll nicht verdeckt, sondern ausgespielt werden – allerdings so, daß es als zulässig oder als sinnreich erscheinen kann. Der Witz und seine Beziehung zum Unbewußten läßt sich dann so charakterisieren: »*Ein vorbewußter Gedanke wird für einen Moment der unbewußten Bearbeitung überlassen und deren Ergebnis alsbald von der bewußten Wahrnehmung erfaßt.*« (IV: 155)

Es bleibt aber noch die Frage, worin die Lust am Witz eigentlich besteht. Weil wir uns psychischen Aufwand ersparen, lautet Freuds Antwort. Die Lust ergibt sich aus der Dynamik des psychischen Lebens, das durch zwei unter-

schiedliche Prinzipien gekennzeichnet ist. Primär durch
die unbewußten Vorstellungen, die sich Zugang zum Bewußtsein verschaffen wollen; sekundär durch alle Instanzen der Abwehr, die den Zugang zum Bewußtsein sichern,
wie das Ich. Freud nimmt an, daß ein erheblicher Aufwand an psychischer Energie nötig ist, um das Bewußte
gegen das Unbewußte abzugrenzen. Dieser Aufwand wird
geringer, wenn das Grenzregime gelockert wird und für
einen Augenblick zwischen beiden psychischen Systemen
freier Verkehr herrscht. Daraus bezieht der Witz seine
Lust. »Die Vernunft – das kritische Urteil – die Unterdrückung, dies sind die Mächte, die er der Reihe nach
bekämpft; die ursprünglichen Wortlustquellen hält er fest
und eröffnet sich von der Stufe des Scherzes an neue
Lustquellen durch die Aufhebung der Hemmungen. Die
Lust, die er erzeugt, sei es nun Spiellust oder Aufhebungs-
lust, können wir alle Male von Ersparung an psychischem
Aufwand ableiten [...]« (IV: 130)
↑Fehlleistungen, Verdichtung, Verschiebung

Fehlleistungen: Signorelli Die Psychoanalyse hat sich
als Theorie und Therapie seelischer Krankheiten etabliert.
Aber von Anfang an hat Freud entscheidende Erkenntnisse
auch aus dem ganz normalen Seelenleben bezogen, aus
dem Traum vor allem, aus dem Witz und aus den Fehlleistungen des Alltags. Die Psychoanalyse verfährt dabei
immer nach dem gleichen Muster: aus dem Unsinn des Bewußten einen Sinn des Unbewußten zu machen. In der
Psychopathologie des Alltagslebens geht es um Vergessen, Versprechen, Vergreifen, um Aberglauben und Irrtum. Was als
bloße Fehlleistung erscheint, verrät einen Sinn, der zwar
nicht mit den bewußten Absichten der Person vereinbar
ist, wohl aber mit seinen unbewußten. Freud hat Fehlleistungen leidenschaftlich gesammelt, und zu den präg-
nantesten Beispielen gehört, was der Präsident des öster-
reichischen Abgeordnetenhauses sich geleistet hat. Er
befürchtete eine stürmische Sitzung und eröffnete sie mit
der Erklärung, daß die Sitzung geschlossen sei.

Das prominenteste Beispiel aber ist *Signorelli*, Freuds eigene Fehlleistung, mit der die *Psychopathologie des Alltagslebens* eingeleitet wird.

Es geht um das Vergessen von Eigennamen. Das Gespräch
findet auf der Fahrt mit einem Fremden von Ragusa in
Dalmatien nach einem Ort in der Herzegowina statt. Es
geht um Italien, und Freud fragt seinen Reisegefährten, ob
er schon die berühmten Fresken in Orvieto gesehen habe.
Dabei fällt ihm der Name des Künstlers – *Signorelli* – nicht
ein, dagegen zwei Ersatznamen: *Botticelli* und *Boltraffio*, er
weiß aber sofort, daß es die falschen Namen sind.

Freud nimmt an, daß seine Gedanken durch das vorhergehende Thema gestört sind. Es ging um den Bericht eines
befreundeten Arztes darüber, daß die Türken in der Herzegowina sehr schicksalergeben sind. »Wenn man ihnen
ankündigt, daß es für den Kranken keine Hilfe gibt, so antworten sie: ›Herr, was ist da zu sagen? Ich weiß, wenn er zu retten wäre, hättest du ihn gerettet.‹« Daran schließt sich eine
zweite Anekdote an, die Freud aber unterdrückt. Sie handelt davon, daß die Türken bei sexuellen Störungen keineswegs schicksalergeben sind, ausgedrückt in der Redewendung: »Du weißt ja, Herr, wenn das nicht mehr geht, dann
hat das Leben keinen Wert.« Freud möchte das dem unbekannten Reisebegleiter nicht erzählen. Für ihn ist das
Thema »Sexualität und Tod« aber noch anders determiniert. Vor einigen Wochen hat er in *Trafoi* erfahren, daß einer seiner Patienten, der wegen schwerer sexueller Störungen in seiner Behandlung war, Selbstmord begangen
hat. Diesen Zusammenhang will Freud unterdrücken. Das
hat zur Folge, daß ihm der Name des Künstlers nicht einfällt: *Signorelli* ist assoziativ verknüpft mit dem Erinnerungstext, den Freud vergessen will; aus demselben Text
stammen aber auch die Ersatzlösungen, *Botticelli* und *Boltraffio*. In seiner Analyse zerlegt Freud diese Fehlleistung in
drei Schritte: erstens eine gewisse Disposition zum Vergessen eines bestimmten Namens; zweitens die Unterdrükkung von Gedanken; drittens die Möglichkeit, eine äu
ßerliche Assoziation zwischen dem verdrängten Namen

und den vorher unterdrückten Elementen herzustellen. Demonstriert an einem Schema: »Der Name *Signorelli* ist dabei in Stücke zerlegt worden. Das eine Silbenpaar ist in einem der Ersatznamen unverändert wiedergekehrt *(elli)*, das andere hat durch die Übersetzung *Signor – Herr* mehrfache und verschiedene Beziehungen zu den im verdrängten Thema enthaltenen Namen gewonnen, ist aber dadurch für die Reproduktion verlorengegangen. Sein Ersatz hat so stattgefunden, als ob eine Verschiebung längs der Namenverbindung ›Herzegowina und Bosnien‹ vorgenommen worden wäre, ohne Rücksicht auf den Sinn und die akustische Abgrenzung der Silben zu nehmen. Die Namen sind also bei diesem Vorgang ähnlich behandelt worden wie die Schriftbilder eines Satzes, der in ein Bilderrätsel umgewandelt werden soll. Von dem ganzen Hergang, der anstatt des Namens Signorelli auf solchen Wegen die Ersatznamen geschaffen hat, ist dem Bewußtsein keine Kunde gegeben worden.« (P: 16)

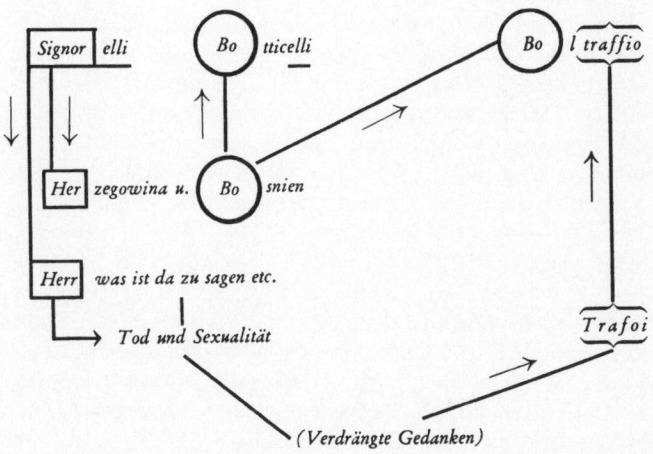

Aus: Sigmund Freud, *Zur Psychopathologie des Alltagslebens* (1901)

Jede Fehlleistung läßt sich auf einen unbewußten Sinn beziehen. Der psychische Mechanismus unterscheidet sich in den einzelnen Fehlleistungen. Für das Namenvergessen und in allen Fällen, in denen das Gedächtnis sich weigert, etwas zu erinnern, steckt als Motiv dahinter, Unlust zu vermeiden. So folgt auch die Fehlleistung wie der Witz einer Ökonomie der Lust.
↑Famillionär – Der Witz und das Unbewußte

Fingerspitzen »Wer Augen hat zu sehen und Ohren zu hören, überzeugt sich, daß die Sterblichen kein Geheimnis verbergen können. Wessen Lippen schweigen, der schwätzt mit den Fingerspitzen; aus allen Poren dringt ihm der Verrat. Und darum ist die Aufgabe, das verborgenste Seelische bewußtzumachen, sehr wohl lösbar.« (VI: 147f.)

Fleißige Judenknaben Die neue Verfassung von 1867 sah für Österreich-Ungarn eine weitgehende Emanzipation der Juden vor. Als Freud um diese Zeit – er war elf Jahre alt – von einem Wahrsager im Prater prophezeit wird, er werde es zum Minister bringen, hält er das nicht für abwegig, schließlich waren an der neu gebildeten Regierung auch Juden beteiligt: »Jeder fleißige Judenknabe trug also das Ministerportefeuille in seiner Schultasche.« (II: 205) Allerdings machte der fleißige Judenknabe noch am Ende seiner Schulzeit Erfahrungen mit dem alltäglichen Antisemitismus der Habsburger Gesellschaft. Freud bekannte sich zu einer jüdischen Identität, die allerdings ohne religiöse Motive auskam.
↑Antisemitismus, Liberalismus

Wilhelm Fließ Nachdem Freud 1886 eine nervenärztliche Praxis eröffnet hatte, kam die wissenschaftliche Arbeit zunächst nicht voran. Aber auch die praktische Arbeit schien ihn wenig zu begeistern. Das therapeutische Instrumentarium war schmal – Elektrobehandlung, Massagen, Heilbäder, Hypnose –, die Erfolge mäßig. Zu Anfang der neunziger Jahre kam Freud dann wieder in Schwung,

beflügelt auch durch den Fall Anna O., der ihm so weit
Einblicke in die Mechanik neurotischer Störungen ver-
schaffte, daß hinter der Krankheit eine allgemeine Struktur des Psychischen sichtbar wurde, wie sie sich dann nur
wenige Jahre später im *Entwurf einer Psychologie* formuliert
findet.

Seit 1887 hat der Berliner Hals-Nasen-Ohren-Arzt Wilhelm Fließ als Freuds privilegierter Gesprächspartner die
Entstehung der Psychoanalyse begleitet. Fließ war auf seinem Gebiet erfolgreich und angesehen, vertrat allerdings
ebenso weitgreifende wie bizarre Auffassungen über die
Beziehung zwischen Nase und Geschlechtsorganen, über
die zentrale Rolle der Nase für das physiologische Gleichgewicht und die Abhängigkeit des Menschen von biorhyth-
mischen Zyklen. Freud war in diesen Jahren isoliert, und
er brauchte offenbar einen Vertrauten, einen wie Fließ, der
sich nicht so leicht schockieren ließ. »Ich bin ziemlich allein mit der Aufklärung der Neurosen«, schreibt Freud
1893 an Fließ und im selben Jahr: »Du bist der einzige Andere, der *alter*.« Fast jedes Detail für die Begründung der
Psychoanalyse besprach Freud mit Fließ; aber auch über
das Kernstück der neuen Wissenschaft vom Unbewußten,
über Freuds Selbstanalyse, war Fließ sehr genau informiert. In den Briefen an Fließ läßt sich Schritt für Schritt
der Wechsel von Medizin zur Psychologie verfolgen, der
dann 1895 im *Entwurf einer Psychologie* Gestalt gewinnt. Der
Briefwechsel, von dem nur die Briefe Freuds erhalten sind,
zeigt eine bemerkenswerte Offenheit, in der Freud von eigenen Befindlichkeiten, Ängsten und Süchten berichtet,
zum Beispiel am 19. April 1894: »Da kam plötzlich ein
großes Herzelend, größer als je beim Rauchen. Tollste Ar-
rhythmie, beständige Herzspannung – Pressung – Bren-
nung, heißes Laufen in den linken Arm, etwas Dyspnoe
von verdächtig organischer Mäßigung, das alles eigentlich
in Anfällen, d. h. über zwei zu drei des Tages in continuo
erstreckt und dabei ein Druck auf die Stimmung, der sich
in Ersatz der gangbaren Beschäftigungsdelirien durch
Toten- und Abschiedsmalereien äußerte. Die Organbe-

schwerden sind seit zwei Tagen gemildert, die hypomani-
sche Stimmung besteht fort, ist nur so freundlich (wie ge-
stern abend und heute mittag), plötzlich zu weichen und
einen Menschen zurückzulassen, der sich wieder langes
Leben und unverringerte Rauchlust zutraut.« (F: 75)
Der homophile Ton ist unübersehbar, und im späteren Vokabular der Psychoanalyse wäre von einer Übertragungs-
beziehung zu sprechen. Nachdem mit der *Traumdeutung*
das Fundament der Psychoanalyse gelegt war, verlor die
Freundschaft zwischen Freud und Fließ an Kraft und en-
dete in Mißstimmungen. Die Beziehung war im psychischen Sinn aber nicht zu Ende. Fast zehn Jahre später
noch beschäftigte Freud der »Fall Fließ«, und offenbar
fürchtete er sich davor, noch einmal eine ähnlich rück-
haltlose Intimität einzugehen. »Seit dem Fall Fließ, mit
dessen Überwindung Sie mich gerade beschäftigt sehen,
ist dieses Bedürfnis bei mir erloschen. Ein Stück homo-
sexueller Besetzung ist eingezogen und zur Vergrößerung
des eigenen Ich verwendet worden. Mir ist das gelungen,
was dem Paranoiker mißlingt«, schreibt er 1910 an Sándor Ferenczi.
↑Neuronensprache

Freiberg In der kleinen mährischen Stadt Freiberg wurde
Freud am 6. Mai 1856 geboren. Die Eltern waren arm, die
Familie bewohnte nur ein einziges Zimmer. In einer biographischen Notiz von 1899 erscheint die Freiberger Zeit
in einem anderen Licht, Freud sieht sich als »das Kind von
ursprünglich wohlhabenden Leuten, die, wie ich glaube,
in jenem kleinen Provinznest behaglich genug gelebt hatten«. Das liest sich wie ein Stück aus Freuds Familienroman. Er selbst versteht darunter die Phantasien, in denen
das Kind sich ein Bild der Eltern nach eigenen psychischen
Motiven zurechtlegt. 1859 zogen die Freuds um, zunächst
nach Leipzig, ein Jahr später nach Wien. In den ersten Jahren blieb auch in Wien die finanzielle Lage der Familie
schwierig. Vielleicht erklärt das, warum Freud in Wien nie
ganz heimisch geworden ist, sich für Freiberg aber heimat-

liche Gefühle bewahrt hat. Als 1931 eine Gedenktafel an Freuds Geburtshaus angebracht wird, schreibt er an den Bürgermeister: »Tief in mir überlagert, lebt noch immer fort das glückliche Freiberger Kind, der erstgeborene Sohn einer jugendlichen Mutter, der aus dieser Luft, aus diesem Boden die ersten unauslöschlichen Eindrücke empfangen hat.«
↑Berggasse 19, Familienroman

Amalia Freud In Freuds zweitem und drittem Lebensjahr war seine Mutter Amalia extrem belastet: Sie gebar zwei Kinder, von denen das eine nach einem halben Jahr starb, nur einen Monat, nachdem ihr jüngerer Bruder gestorben war. Alles spricht dafür, daß Freuds Kinderfrau die Mutter in dieser Zeit ersetzt hat. An diese wenigen Daten knüpfen sich biographische Spekulationen: Könnte nicht die Abwesenheit der Mutter dazu beigetragen haben, daß Freud die Frau von Anfang an und bis in seine Spätschriften als Mängelwesen wahrgenommen hat, als *dark continent*? Unübersehbar ist, daß in seinem Werk ausschließlich der Vater erscheint und in seiner Selbstanalyse einen entscheidenden Platz einnimmt. Im Vorwort zur zweiten Auflage der *Traumdeutung* beschreibt Freud die Selbstanalyse als Reaktion auf den Tod seines Vaters, »also auf das bedeutsamste Ereignis, den einschneidendsten Verlust im Leben eines Mannes«. (II: 24) So ist der Vater in der biographischen Schicht der Psychoanalyse vertreten, vor allem in der Auseinandersetzung um Freuds jüdische Identität. Dagegen bleibt Freuds Mutter biographisch weitgehend unkenntlich, wie überhaupt die Frauen in der Psychoanalyse theoretisch unbestimmbar bleiben. 1926 bestätigt das Freud noch einmal: »Vom Geschlechtsleben des kleinen Mädchens wissen wir weniger als von dem des Knaben. Wir brauchen uns dieser Differenz nicht zu schämen; ist doch auch das Geschlechtsleben des erwachsenen Weibes ein *dark continent* für die Psychologie.« (E: 303)
↑*Dark continent*, Jacob Freud

Anna Freud »Du darfst nicht entsetzt darüber sein, ich bin doch jetzt schon groß, und da ist es doch kein Wunder, wenn ich mich dafür interessiere«, schreibt Anna Freud 1913 an ihren Vater, als sie achtzehn Jahre alt ist. Sie meint die Schriften ihres Vaters. Drei Jahre später hört sie die *Vorlesungen zur Einführung in die Psychoanalyse*, die Freud an der Universität Wien hält. In diese Zeit fällt auch ihr Entschluß, Medizin zu studieren und Analytikerin zu werden. Freud unterstützt seine Tochter darin, Analytikerin zu werden, redet ihr aber aus, Medizin zu studieren. Daß er seine Tochter lieber als Laienanalytikerin sehen möchte, entspricht seinen Vorbehalten gegen die Medizin. *Die Frage der Laienanalyse* von 1926 ist ein vehementes Plädoyer dafür, die Psychoanalyse für Nichtmediziner zu öffnen. Die Argumente, die Freud in diesem fiktiven Dialog vorlegt, sind vermutlich dieselben, mit denen er seine Tochter Anna überzeugt hat. »Hier kommt in erster Linie in Betracht, daß der Arzt in der medizinischen Schule eine Ausbildung erfahren hat, die ungefähr das Gegenteil von dem ist, was er als Vorbereitung zur Psychoanalyse brauchen würde. [...] Für die seelischen Seiten der Lebensphänomene wird das Interesse nicht geweckt, das Studium der höheren geistigen Leistungen geht die Medizin nichts an, es ist der Bereich einer anderen Fakultät.« (E: 321)
Anna absolvierte eine Ausbildung als Lehrerin und arbeitete einige Jahre in der Schule, 1920 gab sie ihren Beruf auf, um endgültig Analytikerin zu werden. 1922 schrieb sie eine psychoanalytische Abhandlung über »Schlagephantasien«, im selben Jahr wurde sie in die Wiener Psychoanalytische Vereinigung aufgenommen. 1918 hatte Freud damit begonnen, seine Tochter zu analysieren. Das verstieß durchaus gegen die Regel, analytische Distanz zu bewahren, um das komplizierte Spiel von Übertragung und Gegenübertragung zu kontrollieren. Die Analyse zog sich über drei Jahre hin und wurde 1924 noch einmal aufgenommen. Zu den Ergebnissen hat Freud sich nie öffentlich geäußert und nur selten privat. In einem Brief an Lou Andreas-Salomé heißt es über Anna: »Das Kind macht mir

Sorge genug; wie sie das einsame Leben vertragen wird und
ob ich ihre Libido aus dem Schlupfwinkel, wohin sie sich
verkrochen, heraustreiben kann.« Anna Freud profilierte
sich vor allem als Kinderanalytikerin. In ihrer *Einführung
in die Technik der Kinderanalyse* verteidigte sie die Positionen
ihres Vaters zur Entwicklung der Libidostufen und geriet
so in Widerspruch zu den Arbeiten Melanie Kleins, die
Freud vorhielt, die Bedeutung der vorödipalen Phase zu
übersehen. Mehr und mehr wurde Anna zur Kollegin ihres Vaters und blieb doch immer die Tochter, die zudem die
Rolle der Pflegerin übernahm und Freud durch die Jahre
seiner schweren Krebserkrankung begleitete.
↑Laien

Kallamon Jacob Freud Freuds Vater war ein kleiner
Wollhändler, der als optimistisch, großzügig und liebens-
wert beschrieben wird, finanziell aber wenig erfolgreich
war. 1855 heiratete er mit vierzig Amalia Nathanson, seine
(vermutlich) dritte Frau, die zwanzig Jahre jünger war als
er. Sein ältester Sohn aus erster Ehe, der selbst schon Kinder hatte, war älter als die Stiefmutter, sein zweiter Sohn
nur ein Jahr jünger. So wurde Freud 1856 in eine komplizierte Familienkonstellation hineingeboren, die für das
Kind verwirrend gewesen sein muß: Stoff für Freuds Familienroman und vielleicht Impuls für die spätere Auf-
deckung familiärer Verstrickungen.
Jacob Freud starb 1896. In einem Brief an Fließ schreibt
Freud: »Auf irgendeinem dunklen Wege hinter dem offi-
ziellen Bewußtsein hat mich der Tod des Alten sehr ergriffen. Ich hatte ihn sehr geschätzt, sehr genau verstanden, und er hat viel in meinem Leben gemacht, mit der
ihm eigenen Mischung von tiefer Weisheit und phanta-
stisch leichtem Sinn. Er war lange ausgelebt, als er starb,
aber im Innern ist wohl alles Frühere bei diesem Anlaß
aufgewacht.« (F: 149) Im Gegensatz zur Mutter erscheint
der Vater in Freuds Werk als konkrete Person, in der Auseinandersetzung mit ihm gewinnt Freud seine Identität
als Jude. Zu den entscheidenden Kindheitserinnerungen

gehört, was ihm sein Vater einmal auf einem Spaziergang
erzählte, Freud war zehn oder zwölf Jahre alt. »Als ich ein
junger Mensch war, bin ich in deinem Geburtsort am
Samstag in der Straße spazierengegangen, schön gekleidet, mit einer neuen Pelzmütze auf dem Kopf. Da kommt
ein Christ daher, haut mir mit einem Schlag die Mütze in
den Kot und ruft dabei: ›Jud, herunter vom Trottoir!‹«
Daß der Vater nichts dagegen unternommen hat, findet
der Sohn »nicht heldenhaft«. Seit dieser Zeit scheint
Freud sich mit Hannibal identifiziert zu haben, den er als
semitischen Helden gegen Rom verstand, als Symbol aber
auch gegen die römische Kirche.
↑Amalia Freud, Familienroman

Freud und die Zukunft **(1936)**   So lautet der Titel des Vor-
trags, den Thomas Mann am 8. Mai 1936 zur Feier von
Freuds 80. Geburtstag in Wien gehalten hat. Motiviert ist
dieser Vortrag von der Nähe zwischen Psychoanalyse und
Literatur – wobei Literatur hier sehr weit gefaßt ist – und
von der bemerkenswerten Tatsache, daß Literatur für die
Begründung der Psychoanalyse offensichtlich keine Rolle
spielt. Thomas Mann führt deswegen zunächst vor, wor-
auf Freud sich hätte stützen können. »Er hat Nietzsche
nicht gekannt, bei dem man überall Freudsche Einsichten
blitzhaft vorweggenommen findet; nicht Novalis, dessen
romantisch-biologische Träumereien und Eingebungen
sich analytischen Ideen oft so erstaunlich annähern; nicht
Kierkegaard, dessen christlicher Mut zum psychologisch
Äußersten ihn tief und förderlich hätte ansprechen müssen; und gewiß auch Schopenhauer nicht, den schwer-
mütigen Symphoniker einer nach Umkehr trachtenden
Triebphilosophie [...]« (A: 14) Auch wenn diese Liste ver-
säumter Lektüre im einzelnen nicht zutrifft, so bleibt es
doch richtig, daß Freud von der romantischen und philosophischen Tradition seit dem späten 18. Jahrhundert keinen Gebrauch gemacht hat. Thomas Mann konnte sich
für seine Rede bereits auf Arbeiten stützen, in denen solche Verbindungen hergestellt werden. Inzwischen ist die

Psychoanalyse auf vielfältige Weise historisch rückvermit-
telt worden, und sie hat dadurch erheblich an Profil gewonnen. Die Zukunft der Psychoanalyse, wie Manns Fest-
vortrag zu bedenken gibt, liegt nicht in ihrer Rückbindung
an die romantisch-philosophische Tradition, sondern in
ihrem Beitrag zu einer, wie es dort heißt, »neuen Anthropologie« und schließlich im Plädoyer für einen künftigen
Humanismus, »der zu den Mächten der Unterwelt, des Unbewußten, des ›Es‹ in einem keckeren, freieren und hei-
tereren, einem kunstreiferen Verhältnis stehen wird, als
es einem in neurotischer Angst und zugehörigem Haß sich
mühenden Menschtum von heute vergönnt wird«. (A:
150). Freud hatte 1936 in Deutschland schon keine Zukunft mehr. Als Anthropologie könnte die Psychoanalyse
auch im 21. Jahrhundert aktuell bleiben, wenn sie sich erhält, was Thomas Mann zu ihren großen Vorzügen ge-
zählt hat: »Ein heiterer Argwohn ist mit ihr in die Welt gesetzt.«

G

Grundregel »Mit den Neurotikern schließen wir also den
Vertrag: volle Aufrichtigkeit gegen strenge Diskretion.« So
leitet Freud im *Abriß der Psychoanalyse* die Beschreibung der
analytischen Grundregel ein. Und er macht gleich zu Anfang klar, daß es hier nicht um Beichte geht, »denn wir wollen von ihm nicht nur hören, was er weiß und vor anderen verbirgt, sondern er soll uns auch erzählen, was er nicht
weiß«. (E: 412 f.) Erzählen, was er nicht weiß: Diese para-
doxe Formulierung benennt das Prekäre und Schwierige
der analytischen Situation. Der Patient muß von sich ab-
sehen, er muß damit rechnen, daß es andere, wirksame Instanzen in seiner Person gibt, von denen er nichts weiß. Der
»Vertrag« verpflichtet den Patienten auf die Grundregel,

»die künftighin sein Verhalten gegen uns beherrschen soll. Er soll uns nicht nur mitteilen, was er absichtlich und gern sagt, was ihm wie in einer Beichte Erleichterung bringt, sondern auch alles andere, was ihm seine Selbstbeobachtung liefert, alles, was ihm in den Sinn kommt, auch wenn es ihm *unangenehm* zu sagen ist, auch wenn es ihm *unwichtig* oder sogar *unsinnig* erscheint.« Die Grundregel soll vor allem die Selbstkritik des Patienten überspielen, um so einen Zugang zu Vorstellungen zu ermöglichen, an denen Wirkungen des Unbewußten schon abzulesen sind, »die uns also in den Stand setzen, das bei ihm verdrängte Unbewußte zu erraten und durch unsere Mitteilung die Kenntnis seines Ich von seinem Unbewußten zu erweitern«. (E: 413) Die Regel verlangt vom Patienten, alles zu sagen. Tatsächlich verfügt er auch über kein anderes Mittel mehr; auf die Couch fixiert, muß er seine Emotionen, sein körperliches Befinden in Sprache umsetzen. Je weniger die Rede von der Selbstkritik und vom Ich des Patienten kontrolliert wird, desto unüberhörbarer wird, daß sie an Personen – vor allem die Eltern – gerichtet und mit Interessen, Emotionen und Wünschen verknüpft ist. Was den Eltern gegolten hat, kann jetzt auf den Analytiker übertragen werden, mit allen Ambivalenzen, die in der Übertragung liegen. Hier zeigt sich, daß die Grundregel mehr ist als eine technische Anweisung, daß sie vielmehr die Konditionen der Therapie wesentlich bestimmt. In diesem Sinn entspricht die Grundregel dem, was an anderer Stelle freie Assoziation heißt.

↑Couch, Übertragung

H

Hannibal ante portas: Rom Freud brauchte lange, bis
er sich den sehnlichsten Wunsch endlich erfüllen konnte,
Rom zu sehen. Und auf eine komplizierte Weise sind die
langen Umwege mit Hannibal verknüpft. »Meine Rom-
sehnsucht ist übrigens tief neurotisch. Sie knüpft an die
Gymnasialschwärmerei für den semitischen Heros Hannibal an, und ich bin wirklich heuer so wenig wie er vom
Trasimener See nach Rom gekommen«, schreibt Freud im
Dezember 1897 an Fließ. Motiviert ist Freuds Schwärme-
rei durch eine doppelte Frage: nach der jüdischen Identität und danach, wie sein Vater mit dieser Identität um-
geht. Anlaß ist eine Geschichte, die der Vater dem etwa
zehn Jahre alten Knaben erzählt. »Als ich ein junger
Mensch war, bin ich in deinem Geburtsort am Samstag in
der Straße spazierengegangen, schön gekleidet, mit einer
neuen Pelzmütze auf dem Kopf. Da kommt ein Christ daher, haut mir mit einem Schlag die Mütze in den Kot und
ruft dabei: ›Jud, herunter vom Trottoir!‹« Die »wenig hel-
denhafte« Reaktion des Vaters empört den Jungen. In der
Identifizierung mit Hannibal finden sich Lösungsphanta-
sien für beide Fragen. Hannibal kämpft gegen Rom, das in
Freuds Vorstellung für das christliche Zentrum des Antisemitismus steht; so wie Hannibal zu sein heißt, anders zu
sein als der Vater, und nicht nur anders, sondern größer.
Und schließlich erlaubt es die Hannibal-Phantasie, die Ab-
kehr vom Vater, die sie ausdrückt, zugleich zu mildern,
weil ja Hannibal im Auftrag seines Vaters handelt. Diese
Überlagerung unterschiedlicher Identitäten ist kompli-
ziert und bedeutsam genug, um einen neurotischen Kern
bilden zu können.
Nach vielen Umwegen, nachdem die Selbstanalyse weit
fortgeschritten und die *Traumdeutung* veröffentlicht war,
kam Freud im September 1901 nach Rom. »Davor habe

ich mich also jahrelang gefürchtet«, schreibt er an seine
Frau. Und an Fließ: »Es war auch für mich überwältigend
und die Erfüllung eines, wie Du weißt, lange gehegten
Wunsches. Wie solche Erfüllungen sind, etwas verküm-
mert, wenn man zu lange auf sie gewartet hat, aber doch:
ein Höhepunkt des Lebens.« (F: 288)
↑Jacob Freud

Hysterie Freud verzichtet auf die Hypnose in der Therapie und begründet die Psychoanalyse ganz im Medium der
Rede. Die hysterische Störung versteht er als Ausdruck eines psychischen Konflikts zwischen einem Wunsch, der
nicht integriert werden kann, und der Abwehr dieser
Wunschvorstellung.
Die Hysterie bildet eine Gruppe von Neurosen. Freud unterscheidet zwischen zwei Formen der hysterischen Störung: Konversions- und Angsthysterie. In der Konversionshysterie drücken sich die Symptome durch den Körper aus, hier wird die psychische in motorische Energie
umgesetzt: Der Ekel, den Anna O. empfindet, als sie den
Hund aus ihrem Glas trinken sieht, bleibt ihr im Hals
stecken, und sie weigert sich zu trinken; der hysterische
Husten Doras wird von sexuellen Phantasien in Gang gehalten. In der Angsthysterie wird die libidinöse Energie
freigesetzt, die Symptome sind nicht an den Körper gebunden, sondern werden an ein äußeres Objekt fixiert, das
angstbesetzt ist und den Kern einer Phobie ausmacht. In
der Furcht des kleinen Hans, von einem Pferd gebissen zu
werden, ist die Angst konkret geworden, vom Vater bestraft
zu werden, und zwar so, wie sich der ödipale Konflikt symbolisch äußert: durch Kastration. Für beide Formen der Hysterie nimmt Freud an, daß ihr Konfliktpotential in der
frühen Kindheit angelegt und sexuell bestimmt ist.
↑Anna O., Dora, Kleiner Hans, Neurosen

J

Jenseits des Lustprinzips (1920) Freud hat seine Triebtheorie mehrfach umgearbeitet. Die erste Theorie ist geprägt vom Dualismus zwischen Sexualtrieben und Ich-
oder Selbsterhaltungstrieben oder – von einer anderen
Perspektive aus – vom Dualismus zwischen Lust- und Realitätsprinzip. Klinische Befunde zwingen ihn aber zu der
Annahme, daß auch das Ich wie ein Liebesobjekt – narzißtisch – besetzt werden kann, und er führt deswegen eine
neue Unterscheidung ein: Ichlibido, wenn die eigene Person besetzt wird; Objektlibido, wenn es sich um äußere
Objekte handelt. Libido als Begriff einer psychischen Kraft
ist zunächst nur auf die Sexualtriebe bezogen, gilt aber in
der zweiten Triebkonzeption sowohl für die Ich- als auch
für die Objektposition. Damit ist der Triebdualismus zurückgenommen auf eine Unterscheidung innerhalb der Libido. Für beide Konzepte gilt, daß alle psychischen Aktionen daran ausgerichtet sind, Unlust zu vermeiden und Lust
zu verschaffen: In letzter Instanz werden sie alle durch das
Lustprinzip reguliert.

In *Jenseits des Lustprinzips* stellt Freud seine Triebtheorie
grundlegend um und macht dabei vor allem einen neuen
Dualismus stark. »Unsere Auffassung war von Anfang an
eine dualistische, und sie ist es heute schärfer als zuvor, seitdem wir die Gegensätze nicht mehr Ich- und Sexualtriebe,
sondern Lebens- und Todestriebe nennen.« (III: 262) Freud
schlägt eine völlig neue Einteilung vor, indem er die alten
Gegensätze aufhebt und daraus einen der beiden Triebpole
macht. Ich- und Sexualtriebe bleiben ihrer Funktion nach
unterschieden, werden aber im Lebenstrieb als Einheit zusammengefaßt. In diese neue Einheit geht auch der Unterschied von Lust- und Realitätsprinzip ein, als Modifikation der Lebenstriebe. Den Lebenstrieben schreibt Freud
die Aufgabe zu, »immer größere Einheiten herzustellen

und so zu erhalten, also Bindung«. Ziel der Todestriebe
dagegen ist es, »Zusammenhänge aufzulösen und so die
Dinge zu zerstören«. (A: 12)
Freud begründet das neue Triebkonzept mit klinischen Erfahrungen. Bei Patienten, die an einer Kriegs- oder Unfall-
neurose leiden, beobachtet er den Zwang, die traumatischen Ereignisse, die Anlaß für die Krankheit sind, ständig
im Traum zu wiederholen. »Wenn die Träume der Unfall-
neurotiker die Kranken so regelmäßig in die Situation des
Unfalls zurückführen, so dienen sie damit allerdings nicht
der Wunscherfüllung, deren halluzinatorische Herbeifüh-
rung ihnen unter der Herrschaft des Lustprinzips zur Funktion geworden ist. Aber wir dürfen annehmen, daß sie sich
dadurch einer anderen Aufgabe zur Verfügung stellen, deren Lösung vorangehen muß, ehe das Lustprinzip seine
Herrschaft beginnen kann. Diese Träume suchen die Reizbewältigung unter Angstentwicklung nachzuholen, deren
Unterlassung die Ursache der traumatischen Neurose geworden ist. Sie geben uns so einen Ausblick auf eine Funktion des seelischen Apparats, welche, ohne dem Lustprinzip zu widersprechen, doch unabhängig von ihm ist und
ursprünglicher scheint als die Absicht des Lustgewinns und
der Unlustvermeidung.« (III: 241 f.)
Eine psychische Aktion, die nicht auf Lustgewinn oder
Unlustvermeidung ausgerichtet ist, findet Freud auch auf
einem ganz anderen Schauplatz. Er beobachtet seinen
Enkel dabei, wie er mit anderthalb Jahren alle Gegenstände, die er erreichen kann, von sich schleudert und
diese Bewegung mit einem langgezogenen, lauten *o-o-o-o*
begleitet. Der sprachliche Ausdruck ist nach Auskunft der
Mutter kein Ausruf, sondern bedeutet »fort sein«. Freud
findet diese Interpretation bestätigt, als er bemerkt, daß
das Kind eine Holzspule, die mit einem Bindfaden um-
wickelt ist, mit einem *o-o-o-o* in seinem Bett verschwinden
läßt, um dann die Spule wieder aus dem Bett zu ziehen
und mit einem freudigen *da* zu begrüßen. Aus diesem
vollständigen Ablauf läßt sich erraten, daß hier Verschwinden und Wiederkommen gespielt wird. »Die Deu-

tung des Spiels lag nahe. Es war im Zusammenhang mit
der großen kulturellen Leistung des Kindes, mit dem
von ihm zustande gebrachten Triebverzicht (Verzicht auf
Triebbefriedigung), das Fortgehen der Mutter ohne Sträuben zu gestatten. Es entschädigte sich gleichsam dafür,
indem es dasselbe Verschwinden und Wiederkommen
mit den ihm erreichbaren Gegenständen selbst in Szene
setzte.« (III: 225) Freud fragt sich, warum das Kind ein Ereignis, das es schmerzlich berührt, immer von neuem wiederholen muß; warum die Unfall- oder Kriegsneurose die
Wiederbelebung der traumatischen Szene im Traum erzwingt. Im Rahmen der alten Triebtheorie wäre zu klären
gewesen, inwiefern die Wiederholung leidvoller Erfahrungen schließlich doch die Ursache von Lust ist. Darauf
scheint jetzt eine befriedigende Antwort nicht mehr denkbar. Freud sieht im Wiederholungszwang das »Dämoni-
sche« einer Kraft, die nicht auf libidinöse Befriedigung
zielt, und er ist bereit, dieser Kraft Triebcharakter zuzuschreiben. Dann stellt sich aber die Frage, worin der Triebcharakter im Wiederholungszwang liegt. »Auf welche Art
hängt aber das Triebhafte mit dem Zwang zur Wiederholung zusammen? Hier muß sich uns die Idee aufdrängen,
daß wir einem allgemeinen, bisher nicht klar erkannten –
oder wenigstens nicht ausdrücklich betonten – Charakter
der Triebe, vielleicht alles organischen Lebens überhaupt,
auf die Spur gekommen sind. *Ein Trieb wäre also ein dem belebten Organischen innewohnender Drang zur Wiederherstel-
lung eines früheren Zustandes*, welchen dies Belebte unter
dem Einflusse äußerer Störungskräfte aufgeben mußte,
eine Art von organischer Elastizität, oder wenn man will,
die Äußerung der Trägheit im organischen Leben.« (III:
246) Der Charakter der Triebe als konservativ, ja als regressiv gilt jetzt für alle Triebe, er äußert sich aber vor allem in den Todestrieben, denen Freud das Ziel zuschreibt,
nach vollständiger Aufhebung der Spannung zu streben
und einen anorganischen Zustand wiederherzustellen.
Die Todestriebe zielen zunächst auf die Selbstdestruktion
der Lebewesen und werden dann von den Lebenstrieben

nach außen gerichtet, wo sie sich als Aggressions- und De-
struktionstriebe Ausdruck verschaffen. Im Gegensatz
dazu ist es Aufgabe der Lebenstriebe, Einheiten herzustellen und zu binden. Es ist nicht leicht zu sehen, worin dann
der regressiv-konservative Charakter der Lebenstriebe besteht, der für alle Triebe gelten soll. Freud hält grundsätzlich am Triebdualismus fest, aber er sieht die Todestriebe
nicht im Gegensatz zum Leben – sie vollstrecken das Leben: »Das Ziel alles Lebens ist der Tod.« Die Lebenstriebe
ermöglichen einen Aufschub vor dem Tod, einen Aufschub, der das Leben selbst ist.

Jenseits des Lustprinzips ist das Leben der dämonischen
Kraft der Todestriebe ausgesetzt. Freud hat stets betont,
daß die Hypothese der Todestriebe hochspekulativ ist, und
man hat diese Spekulation immer wieder auf persönliche
Motive bei Freud zurückgeführt: den Tod seiner Tochter
Sophie, die Grausamkeiten des Weltkriegs, das hohe Alter
und die beginnende Krebserkrankung. Freud selbst sah
sich jedoch zu dieser Spekulation genötigt, um neue Befunde – klinische ebenso wie gesellschaftliche – theoretisch angemessen darzustellen. »Hält man sich das Bild in
seiner Gesamtheit vor, zu dem sich die Erscheinungen des
immanenten Masochismus so vieler Personen, der negativen therapeutischen Reaktion und des Schuldbewußtseins der Neurotiker zusammensetzen, so wird man nicht
mehr dem Glauben anhängen können, daß das seelische
Geschehen ausschließlich vom Luststreben beherrscht
wird. Diese Phänomene sind unverkennbare Hinweise
auf das Vorhandensein einer Macht im Seelenleben, die
wir nach ihren Zielen Aggressions- oder Destruktionstrieb
heißen und von dem ursprünglichen Todestrieb der belebten Materie ableiten.« (E: 382)

Daß der Todestrieb als Hypothese oder Metapher verstanden werden kann, berührt die theoretischen Gründe nicht,
die Freud für sich in Anspruch nimmt. Der Trieb war von
Anfang an als Grenzbegriff zwischen Somatischem und
Seelischem definiert. Für die Psychoanalyse sind die Triebe
immer nur als Ausdruck des Psychischen zugänglich. Auf

Veränderungen im Ausdruck des Unbewußten reagiert
Freud in *Jenseits des Lustprinzips* zwei Jahre nach Beendi-
gung des Ersten Weltkriegs.
↑Trieb, *Das Unbehagen in der Kultur*

Carl Gustav Jung   »Nebenbei habe ich Sie ja auch lieb«,
schreibt der sonst äußerst diskrete Freud 1908 an Jung. Geknüpft war dieses Geständnis an einen Plan, der die Zukunft der Psychoanalyse sichern sollte. »Die egoistische
Absicht, die ich verfolge und natürlich offen eingestehe, ist,
Sie zum Fortsetzer und Vollender meiner Arbeit einzuset-
zen, indem Sie auf die Psychose anwenden, was ich bei den
Neurosen begonnen habe, wozu Sie als starke, unabhän-
gige Persönlichkeit, als Germane, der leichter die Sym-
pathien der Mitwelt kommandiert, mir besser zu taugen
scheinen als irgendeiner, den ich kenne.«
Jung war seit 1900 Arzt an der psychiatrischen Universi-
tätsklinik in Zürich, die Eugen Bleuler leitete. Er plädierte
dafür, die »genialen Konzeptionen« Freuds für die Psychiatrie fruchtbar zu machen. Seine Arbeit über Wort-
assoziationen (1906) stützte und erweiterte Freuds Asso-
ziationstheorie. Unübersehbar waren aber auch Jungs
Vorbehalte gegen zentrale Lehrstücke Freuds, vor allem,
was die Rolle der Sexualität betraf. Freud und Jung ver-
ständigten sich zunächst darauf, daß es sich eher um Ne-
bensachen handelte, die weder die persönliche Beziehung
noch die Ausrichtung der Psychoanalyse beeinflussen
würden.
Am Briefwechsel Freud–Jung fällt auf, wie konventionell
beide miteinander umgehen. Auch die Sohnrolle, die Jung
ausdrücklich übernimmt, zeugt kaum von Vertrautheit,
enthält aber erheblichen Sprengstoff. Freud übersieht immer wieder, daß Jung längst begonnen hat, sich als Kon-
kurrent zu profilieren. Immer häufiger kokettiert Jung mit
seiner »Unfähigkeit, die Libido zu definieren«, und immer
deutlicher wird, daß er die Libido aus der Bindung an die
Sexualtriebe lösen und im Sinne einer allgemeinen psychischen Energie erweitern will. Bald verabschiedet er sich

endgültig von genau den theoretischen Grundsätzen, an denen Freud stets die Zugehörigkeit zur Psychoanalyse festgemacht hat: infantile Sexualität, sexuelle Ätiologie der Neurosen, Ödipuskomplex. 1912 waren die Unstimmigkeiten nicht mehr zu übersehen, der Ton wurde schriller. Jung war Präsident der 1910 gegründeten Internationalen Psychoanalytischen Vereinigung, und Freud mußte befürchten, im Machtkampf mit Jung an Einfluß in der psychoanalytischen Bewegung zu verlieren, sich am Ende sogar in einer Minderheitenposition wiederzufinden. Um all das zu verhindern, etablierte Freud mit seinen alten Wiener Getreuen 1912 ein geheimes Komitee, das Jung entmachten und das Zentrum der Psychoanalyse von Zürich nach Wien zurückholen sollte. 1914 trat Jung zurück, Freud veröffentlichte *Zur Geschichte der psychoanalytischen Bewegung*, die auch als Abrechnung mit Jung gemeint ist. Dabei zieht Freud alle Register und hat auch keine Bedenken, einen Patienten Jungs auftreten zu lassen. »Die moralischen Belehrungen waren sehr schön, und ich lebte ihnen getreulich nach, aber ich kam keinen Schritt vorwärts. Es war mir noch unangenehmer als ihm, aber was konnte ich dafür? [...] Man verließ die Analyse als armer Sünder mit den stärksten Zerknirschungsgefühlen und den besten Vorsätzen, aber gleichzeitig in tiefster Entmutigung. Was er mir empfahl, hätte jeder Pfarrer mir auch geraten, aber woher die Kraft?« (S: 199)

Noch drei Jahre zuvor sollte »kein anderer als Jung das Ganze erben«, jetzt bleibt nicht mehr als Spott. Jungs Beitrag zur Psychoanalyse sei wie das Gegenstück zum Lichtenbergschen Messer: Das ist ein Messer ohne Klinge, wo der Stiel fehlt.

↑Libido, Alfred Adler

K

Karrierepläne Nach einem Schulabschluß mit Auszeich-
nung begann Freud 1873 Medizin zu studieren, ab 1876
bei Ernst Wilhelm von Brücke, der Freuds wissenschaftliche Auffassung nachhaltig geprägt hat. »Im physiologi-
schen Laboratorium von Ernst Brücke fand ich endlich
Ruhe und volle Befriedigung«, heißt es in der *Selbstdarstellung.* Brücke vertrat im Anschluß an Darwin einen ra-
dikalen Positivismus, der die Medizin auf einen experi-
mentellen Umgang mit der Natur verpflichtete, aus dem
dann Gesetzmäßigkeiten abgeleitet und in einer mathe-
matisch formalisierten Sprache dargestellt werden sollten.
An diesem Wissenschaftsideal hat Freud stets festgehalten.
Das wird in der neurologischen Prosa des *Entwurfs einer Psychologie* von 1895 ebenso greifbar wie im *Abriß der Psychoanalyse* von 1938, wenn Freud an die organisch-biologische
Seite der Psychologie erinnert und für sich in Anspruch
nimmt, er habe »auch bedeutsame biologische Funde gemacht und neue biologische Annahmen nicht vermeiden
können«. Es ist die Frage, ob im Rückbezug auf die Naturwissenschaft nur ein Selbstmißverständnis Freuds liegt oder
ob nicht gerade diese Ambivalenzen den eigentlichen Kern
in Freuds Werk ausmachen.
1881 schloß Freud sein Medizinstudium mit der Promotion ab und bereitete sich auf eine wissenschaftliche Karriere an der Universität vor. Dieser Plan ließ sich nicht ver-
wirklichen. Auf absehbare Zeit war mit einer Stelle nicht
zu rechnen, zudem hatte Freud sich 1882 mit Martha Bernays verlobt und konnte sich eine Heirat ohne einen or-
dentlichen bürgerlichen Haushalt nicht vorstellen. Er gab
deswegen die Universitätskarriere auf und arbeitete ab
1883 am Wiener Allgemeinen Krankenhaus, um sich auf
die Gründung einer Privatpraxis vorzubereiten. Nach der
Habilitation wurde Freud 1885 zum Privatdozenten für

Neuropathologie ernannt, 1896 eröffnete er eine Praxis im Osten Wiens als »Dozent für Nervenkrankheiten«, bis er dann 1902 den langersehnten Professorentitel erhielt: eine Titularprofessur, die nicht mit einer festen Stelle an der Universität Wien verbunden war.

Kastration Freud sieht die sexuelle Entwicklung in der frühen Kindheit wesentlich durch eine Vorstellung bestimmt, die er zu den Urphantasien rechnet: Das männliche Genitale läßt sich von der Person trennen und markiert so einen Unterschied zwischen den Personen. Wer es hat, der kann es auch verlieren, und wer es nicht hat, der hat es schon verloren. So erklärt sich der anatomische Geschlechtsunterschied durch Kastration. Das ist zunächst aus der Perspektive des Knaben gedacht. Freud geht davon aus, daß die kindliche Sexualität zwar noch diffus organisiert, das Interesse aber dennoch bereits am Penis orientiert ist. »Gerade in jener Sexualkonstitution, die wir als ›normale‹ anerkennen müssen, ist der Penis schon in der Kindheit die leitende erogene Zone, das spiegelt sich logisch in dem Unvermögen, eine dem Ich ähnliche Persönlichkeit ohne diesen wesentlichen Bestandteil vorzustellen.« (V: 176) In dieser Formulierung wird deutlich, wie sehr dieser »wesentliche Bestandteil« narzißtisch besetzt ist und das Selbstbild prägt. Universelle Geltung gewinnt die Kastrationsphantasie erst im Ödipuskomplex, und zwar für beide Geschlechter, wie Freud immer wieder betont hat. Die ödipale Situation ist dadurch gekennzeichnet, daß hier der erotische Wunsch auf ein Verbot trifft: Nicht jede Person kann zum Sexualobjekt gemacht werden, und gerade diejenigen nicht, die am nächsten sind: die Eltern und die Geschwister. Das ist der Kern des Inzestverbots, das Freud im Unbewußten als Kastrationsdrohung verankert und durch den Vater repräsentiert sieht.

Die Annahme, daß sich sexuelle Identität bei beiden Geschlechtern über den Vorrang des männlichen ausbildet, ist auf heftigen Widerstand gestoßen, und tatsächlich las-

sen sich leicht Einwände formulieren. Warum, zum Beispiel, sollte sich das Mädchen davor fürchten, etwas zu
verlieren, was es nicht besessen hat? So liegt die Kritik
nahe, daß Freud die männliche Perspektive verallgemeinert hat und die Frau als Mann erscheinen läßt, dem etwas fehlt. Für eine solche Auslegung gibt es zahlreiche
Textstellen, die Freuds ausschließlich männliche Perspektive belegen: daß Geschichte von Männern gemacht wird
und sich deswegen in den kulturellen Formen die Spuren
des männlichen Seelenlebens finden. Allerdings lassen
sich auch Argumente für die Universalität des Kastrationskomplexes finden. So hat Lacan gezeigt, daß es hier
nicht um die Natur eines Körperteils geht, sondern um
den Übergang von Natur zu Kultur. In der Kastrationsphantasie ist ausgedrückt, daß der Penis als natürliches
Organ der Lust verlorengehen muß, um die Einsicht zu
ermöglichen, daß die Lust kulturellen Regeln unterworfen ist. Diesen Sinn repräsentiert der Phallus. Er ist immer
noch das männliche Organ, aber als Symbol verweist er
nicht auf die Realität der Natur oder auf die Sexualität des
Mannes, sondern darauf, daß es keinen natürlichen Zugang zu den Objekten des Begehrens gibt. »Der Phallus als
Signifikant gibt die *raison* des Begehrens«, heißt es bei
Lacan. Diese Dialektik von Wunsch und Verbot gilt für
beide Geschlechter und ebnet doch den Unterschied nicht
ein, der auf verschiedene Triebschicksale verweist. Je
nachdem wie realistisch die Rede vom Phallus verstanden
wird, ergeben sich unterschiedliche Perspektiven auf den
Kastrationskomplex. Daß die psychoanalytische Theorie
der Sexualität aus der Sicht des Mannes formuliert ist und
ihr das Geschlechtsleben der Frau verschlossen bleibt, bestreitet nicht einmal Freud.
↑Phallus, Ödipuskomplex, maskulin/feminin

Kleiner Hans: eine Phobie Die Analyse des kleinen
Hans verläuft unter bemerkenswerten Umständen. Hans
wird 1903 geboren. Die Eltern sind Anhänger der Psychoanalyse, der Vater nimmt an der Psychoanalytischen Mitt-

woch-Gesellschaft teil. Freud war stets an der frühkindlichen Sexualität interessiert, und er wußte, daß gerade in diesem Punkt der Widerstand gegen die Psychoanalyse besonders heftig war. Er suchte nach Bestätigung in der alltäglichen Kindheit außerhalb der Therapie und bat seine Schüler und Freunde, »daß sie Beobachtungen über das zumeist geschickt übersehene oder absichtlich verleugnete Sexualleben der Kinder sammeln mögen«. (VIII: 4) Hans' Vater folgt dieser Bitte und beginnt mit den Aufzeichnungen, als sein Sohn noch nicht ganz drei Jahre alt ist. Zwei Jahre später wird Hans krank; wenn Freud dann therapeutisch eingreift, weiß er über seinen Patienten schon recht gut Bescheid. Die Krankengeschichte, die 1909 als *Analyse der Phobie eines fünfjährigen Knaben* erscheint, enthält einen Teil der elterlichen Berichte (hier kursiv wiedergegeben), die Freud kommentiert, korrigiert und in das Vokabular der Psychoanalyse übersetzt. Freud schätzt den kleinen Hans, der ihm auf seine Weise bestätigt, was die erwachsenen Patienten nicht wahrhaben wollen: wie sehr die frühe Kindheit von den Ambivalenzen sexueller Phantasien geprägt ist.

Die Aufzeichnungen des Vaters belegen von Anfang an ein starkes Interesse seines Sohnes für den Körperteil, den er »Wiwimacher« nennt.

Hans: Mama, hast du auch einen Wiwimacher?

Mama: Selbstverständlich. Weshalb?

Hans: Ich hab' nur gedacht. (VIII: 14)

Freud sieht den kleinen Hans auf den normalen Bahnen infantiler Sexualforschung, klar ist aber auch, daß es nicht nur um ein theoretisches Interesse geht. »Im Alter von dreieinhalb Jahren wird er von der Mutter, die Hand am Penis, betroffen.« (VIII:15) Im Bericht der Eltern folgt dann die klassische Szene, wie Freud sie immer beschworen hat.

Wenn du das machst, lass' ich den Dr. A. kommen, der schneidet dir den Wiwimacher ab.

Für Freud besteht kein Zweifel daran, daß diese Androhung außerordentlich wirksam ist und die infantile Sicht auf den kleinen Unterschied nachhaltig beeinflussen wird.

Die Beobachtung, daß es Menschen ohne den geschätzten Körperteil gibt, wird den kleinen Hans davon überzeugen, daß die Drohung der Mutter keine leeren Worte waren; und er wird nicht umhinkönnen, die Mutter selbst für das Opfer ihrer eigenen Drohung zu halten. Zugleich gehört es aber zu den Bedingungen des Kastrationskomplexes, daß der kleine Unterschied zunächst in der Wahrnehmung verschwindet. Bei seiner Schwester, die geboren wird, als er dreieinhalb Jahre ist, übersieht Hans, daß etwas »fehlt«; auch die Mitteilung, Mädchen und Frauen hätten keinen Wiwimacher, glaubt er nicht. Es bleibt dabei, daß »er nur eine Art von Genitale kennt, ein Genitale wie das seinige«. (VIII: 95) Die anatomische Phantasie überspielt die Androhung von Kastration; daß die Drohung bereits gewirkt hat, spricht allerdings aus der Bemerkung, »er« sei ja festgewachsen – eine Trostrede des Jungen, wie Freud bemerkt. Über das Sexualleben des kleinen Hans ist Freud gut informiert, und er entdeckt darin nichts, was vom Normalen abweichen würde. Anfang 1908 – Hans ist vierdreiviertel Jahre alt – klingen die Berichte dann anders:

Geehrter Herr Professor! Ich sende Ihnen wieder ein Stückchen Hans, diesmal leider Beiträge zu einer Krankengeschichte. Wie Sie daraus lesen, hat sich bei ihm in den letzten Tagen eine nervöse Störung entwickelt. (VIII: 26)

Die Störung besteht darin, daß Hans sich weigert, auf die Straße zu gehen, weil er sich davor fürchtet, von einem Pferd gebissen zu werden, später auch befürchtet, ein Pferd könnte stürzen. Den Aufzeichnungen des Vaters entnimmt Freud den für die Therapie entscheidenden Hinweis, daß sich Hans seit einiger Zeit noch zärtlicher seiner Mutter gegenüber verhält als sonst. Daraus ergibt sich die Vermutung, daß es diese gesteigerte Affektivität ist, die in Angst umschlägt und verdrängt werden muß. Allerdings erschließt sich aus dieser allgemeinen Annahme noch keineswegs die Beziehung zwischen den Pferden, vor denen Hans sich fürchtet, und der Zärtlichkeit für seine Mutter. Licht auf diese Beziehung wirft erst ein therapeutischer Einfall, der Freud kommt, als Vater und Sohn gemeinsam in seiner Praxis vor ihm sitzen. »Ich fragte Hans scherzend, ob seine Pferde Augengläser tragen, was er verneinte, dann ob sein Vater Augengläser trage, was er gegen alle Evidenz wiederum verneinte, ob er mit dem Schwarzen um den ›Mund‹ den Schnurrbart meine, und eröffnete ihm dann, er fürchte sich vor seinem Vater, eben weil er die Mutter so lieb habe.« (VIII: 41) Was Freud hier kindgerecht mitteilt, besagt nichts anderes, als daß er den kleinen Hans in einen ödipalen Konflikt verstrickt sieht. Die übergroße Zärtlichkeit zur Mutter provoziert aggressive Strebungen gegen den Vater, die aber ihrerseits die Zuneigung zum Vater überlagern. Diese Ambivalenzen lassen sich im psychischen Leben des kleinen Hans nicht integrieren, deswegen wird er krank. Freud hat die Phobie als Angsthysterie klassifiziert. Charakteristisch ist hier, daß die psychische Energie nicht in motorische konvertiert wird – in hysterische Gesten wie nervöses Husten oder Stimmlosigkeit, Symptome, unter denen Dora zum Beispiel leidet –, sondern als Angst frei wird. Hans hat Angst vor Pferden. Gemeint ist aber sein Vater, und genauer noch, daß die aggressive Einstellung gegen den Vater auf ihn zurückschlägt: »Seine Angst, das Pferd werde ihn beißen, kann zwanglos vervollständigt werden, das Pferd werde ihm das Genitale abbeißen, ihn kastrieren.« (VI: 252)

Für den kleinen Hans erzählt Freud den Ödipuskomplex so: »Lange, ehe er auf der Welt war, hätte ich schon gewußt, daß ein kleiner Hans kommen werde, der seine Mutter so lieb hätte, daß er sich darum vor dem Vater fürchten müßte, und hätte es seinem Vater erzählt.« (VIII: 40) Freuds Mitteilung befreit den kleinen Hans nicht mit einem Schlag von seiner Angst. Den weiteren Aufzeichnungen des Vaters läßt sich aber entnehmen, daß Hans diese Deutung offenbar angenommen hat und seine Phobie nach und nach bewältigt. Am Ende findet er eine überzeugende Lösung für seinen Konflikt, indem er seinen Vater mit dessen Mutter verheiratet und ihn so zu seinem Großvater macht. »Es geht alles gut aus. Der kleine Ödipus hat eine glücklichere Lösung gefunden, als vom Schicksal vorge-

schrieben ist. Er gönnt seinem Vater, anstatt ihn zu beseitigen, dasselbe Glück, das er für sich verlangt; er ernennt
ihn zum Großvater und verheiratet auch ihn mit der eigenen Mutter.« (VIII: 86)
↑Dora, Hysterie, Kastration, Ödipuskomplex

Kokain Eine Zeitlang – vermutlich bis Mitte der neunziger Jahre – hat Freud Kokain genommen. »Das bißchen
Cocain, das ich genommen habe, macht mich geschwätzig,
Weibchen«, schreibt er an seine Braut. Hinweise auf eine
Sucht gibt es nicht. Kokain hat aber in Freuds Biographie
noch eine andere Bedeutung. Freud vermutet, daß sich
Kokain als Psychopharmakon einsetzen läßt, und experi-
mentiert in diesem Sinn seit 1884, eben auch im Selbst-
versuch. Um einen Freund und Kollegen von der Mor-
phiumsucht zu befreien, setzt er Kokain zum ersten Mal
klinisch ein und erkennt zu spät, daß sein Patient jetzt auch
noch kokainabhängig ist. Kokain war weitgehend unbekannt, Freud hätte sich mit der Entdeckung eines neuen
Medikaments einen Namen machen können. Und darum
ging es ihm, für sich selbst, aber auch für seine Braut
Martha Bernays, die er 1882 kennengelernt hat und so bald
wie möglich heiraten will. Zwischen 1884 und 1887 publi-
ziert Freud mehrere Arbeiten über Kokain. Den erhoff-
ten Ruhm bringen sie ihm nicht. Am Ende muß er erleben,
daß ein Studienkollege die Wirkung des Kokains als ört-
liches Betäubungsmittel entdeckt. »Die Cocageschichte«,
schreibt er an seine Braut, »hat mir allerdings viel Ehre gebracht, aber doch den Löwenanteil anderen.«
↑Karrierepläne

Kultur Ausdrücklich von Kultur ist im Werk Freuds spä-
testens seit *Totem und Tabu* (1912/13) die Rede, von da an
folgen in kurzen Abständen die kulturtheoretischen Arbeiten: *Zeitgemäßes über Krieg und Tod, Massenpsychologie und
Ich-Analyse, Das Unbehagen in der Kultur, Der Mann Moses und
die monotheistische Religion.* Aber auf eine andere Weise ist
Kultur von Anfang an Freuds Thema. Das psychische Le-

ben ist Ausdruck der kulturellen Existenz des Menschen. Schon im *Entwurf einer Psychologie* von 1895 verfügt der psychische Apparat über ein Gedächtnis, das wie ein Zeichenrepertoire geordnet ist und deswegen Gegenstände nach unterschiedlichen Gesichtspunkten sortieren und bezeichnen kann. Warum eine Vorstellung verdrängt wird, läßt sich nicht aus der Natur des psychischen Apparats erklären, sondern nur aus der Bedeutung, die ihr in einem kulturell bestimmten psychischen Leben zukommt. Was sich im Kulturbegriff Freuds aber verändert, ist der Ton: Er wird zunehmend kritischer. Die psychoanalytische Kulturkritik ergibt sich aus der Einsicht, daß die gesellschaftlichen und kulturellen Institutionen den Grundbedingungen des psychischen Lebens nicht angemessen sind. Freud nimmt an, daß Kultur in dem Augenblick ermöglicht wird, in dem Triebverzicht dauerhaft gewährleistet ist. Den Gründungsakt der Kultur aber sieht er im Vatermord, den die Söhne deswegen begehen, um das sexuelle Monopol des Vaters über die Frauen der Gruppe zu brechen. Die Reue über diesen Mord prägt die gesellschaftlichen Institutionen und erzwingt das Tötungsverbot. Zugleich mit dieser Sanktion wird auch das Motiv für den Mord – das sexuelle Interesse an den Frauen der Gruppe – unter ein Tabu gestellt und als Inzestverbot verankert.

Aus Freuds Sicht haben die kulturellen Institutionen das archaische Erbe der Menschheit nicht überwunden, sondern nur verdrängt. Weil es auf diese Weise ungreifbar präsent ist, muß auch das psychische Leben aufgerüstet bleiben. Die ursprüngliche Aggressionsneigung des Menschen ist durch die Kultur nicht aufgehoben, sondern nach innen gelenkt. »Die Kultur bewältigt also die gefährliche Aggressionslust des Individuums, indem sie es schwächt, entwaffnet und durch eine Instanz in seinem Inneren, wie durch eine Besatzung in der eroberten Stadt, überwachen läßt.« (IX: 250) Erst wenn Kultur die Einsicht ermöglicht, daß sich das archaische Erbe der Menschheit nicht verdrängen läßt, könnte diese Besatzung des Individuums aufgegeben werden.

Kulturfeinde Weil Kultur uns Triebverzicht abverlangt,
sind wir alle Feinde der Kultur – so lautet der psychoanalytische Befund. Entscheidend ist jedoch, wie Triebverzicht bewältigt werden kann. Hier stellt sich für Freud die
Frage nach den Herrschaftsverhältnissen. Zu den Voraussetzungen gelungener Kulturarbeit gehört die »Verinner-
lichung der Kulturverbote« durch die Ausbildung stabiler
moralischer Instanzen. Gerade das aber mißlingt denen,
die Freud als Unterdrückte wahrnimmt. »Eine Verinner-
lichung der Kulturarbeit darf man bei den Unterdrückten
nicht erwarten, dieselben sind nicht bereit, diese Verbote
anzuerkennen, bestrebt, die Kultur selbst zu zerstören,
eventuell selbst ihre Voraussetzungen aufzuheben.« (IX:
146) Allerdings bewahren Integration in die Gesellschaft
und Teilhabe an der Macht keineswegs vor Kulturfeind-
schaft. Freud hat im Urtyp des Herrschers, im Führer der
Horde, den Narzißmus der Macht beschrieben: »Der Führer selbst braucht niemanden zu lieben, er darf von Her-
rennatur sein, absolut narzißtisch [...]« (IX: 115)
Defekte auf allen Seiten der Kultur: ein labiles Ich, das
durch verinnerlichte Normen kaum gestützt wird, auf der
einen und ein narzißtisch fixiertes Ich, das nur um die eigenen Bedürfnisse kreist, auf der anderen Seite. Freud hat
aber das Unbehagen in der Kultur keineswegs nur auf den
Zwangscharakter kultureller Institutionen im allgemeinen
bezogen, sondern als Ausdruck der Massengesellschaft verstanden, die er vor Augen hatte. Und hier ist sein Befund
eindeutig: »Es braucht nicht gesagt zu werden, daß eine
Kultur, welche eine so große Zahl von Teilnehmern unbe-
friedigt läßt und zur Auflehnung treibt, weder Aussicht hat,
sich dauernd zu erhalten, noch es verdient.« (IX: 146) Gemeint war die Massenkultur zu Anfang des 20. Jahrhunderts. Wie sich eine Kultur denken läßt, die nicht von Kul-
turfeinden umstellt wäre, hat Freud offengelassen. Aber so
viel läßt sich doch sagen: Sie dürfte nicht auf Unterdrükkung beruhen, weder auf gesellschaftlicher noch auf
psychischer. In der Kulturkritik Freuds liegen durchaus
Potentiale für eine Theorie der Gesellschaft, an die zum

Beispiel Herbert Marcuse kritisch angeschlossen hat.
Schon bei Freud ist die Einsicht unabweisbar, daß Trieb-
unterdrückung nicht anthropologisch konstant, sondern
historisch variabel ist.
↑*Das Unbehagen in der Kultur, Massenpsychologie und Ich-
Analyse*

L

Laien Zur Medizin und zum Arztberuf hatte Freud ein
durchaus zwiespältiges Verhältnis. Im Grunde sah er sich
als Forscher in einem weiten Feld zwischen Naturwissenschaften und Philosophie. Seinen Plan, sich an der Universität als Wissenschaftler zu etablieren, mußte er aus fi-
nanziellen Gründen aufgeben, vielleicht spielte aber auch
schon der aufkommende Antisemitismus eine Rolle. 1886
eröffnete er eine nervenärztliche Praxis. »Nach 41jähriger
ärztlicher Tätigkeit sagt mir meine Selbsterkenntnis, ich sei
kein richtiger Arzt gewesen. Ich bin Arzt geworden durch
eine mir aufgedrängte Ablenkung meiner ursprünglichen
Absicht, und mein Lebenstriumph liegt darin, daß ich nach
großem Umweg die anfängliche Richtung wiedergefunden
habe. Aus früheren Jahren ist mir nichts von einem Bedürfnis, leidenden Menschen zu helfen, bekannt, meine
sadistische Veranlagung war nicht sehr groß, so brauchte
sich dieser ihrer Abkömmlinge nicht zu entwickeln.« (E:
344) Diese Distanz zur Medizin ist aber keineswegs nur
biographisch begründet, sie findet ihre Entsprechung im
Selbstverständnis der Psychoanalyse, therapeutische Praxis mit einer kritischen Theorie der Kultur zu verbinden.
»Der Gebrauch der Analyse zur Therapie der Neurosen ist
nur eine ihrer Anwendungen; vielleicht wird die Zukunft
zeigen, daß sie nicht die wichtigste ist.« (E: 339) Gerade
diese Zukunft aber sah Freud durch die Medizin selbst ge-

fährdet. »Die letzte Maske des Widerstandes gegen die Analyse, die ärztlich-professionelle, ist die für die Zukunft gefährliche«, heißt es 1929 in einem Brief an den ungarischen
Analytiker Sándor Ferenczi.

Freud hat von Anfang an auf die Nicht-Ärzte gesetzt. Otto
Rank, Theodor Reik, Hans Sachs, Siegfried Bernfeld waren
Laien; auch seine Tochter Anna ist Laienanalytikerin geworden, weil ihr Vater das so wollte. Die rechtlichen Voraussetzungen für die Laienanalyse waren allerdings ungeklärt. Theodor Reik, der Freud mit einer Dissertation über
Flaubert beeindruckt hatte und seit 1911 zum engeren
Kreis der Psychoanalytischen Vereinigung gehörte, wurde
1926 wegen »Kurpfuscherei« angeklagt, weil er Patienten
analytisch behandelt haben soll. Freud setzte sich energisch
für ihn ein. Und er legte seine Auffassungen im selben Jahr
in einer umfangreichen Arbeit dar. *Die Frage der Laienanalyse* ist ein fiktiver Dialog, in dem sich eine äußerst trans-
parente Darstellung der Psychoanalyse mit der Forderung
verbindet, Laienanalytiker zuzulassen: Nur so kann die
Psychoanalyse davor bewahrt werden, zum Spezialgebiet
der Medizin zu werden. »Wir halten es nämlich gar nicht
für wünschenswert, daß die Psychoanalyse von der Medizin verschluckt werde und dann ihre endgültige Ab-
lagerung im Lehrbuch der Psychiatrie finde, im Kapitel
Therapie, neben Verfahren wie hypnotische Suggestion,
Autosuggestion, Persuasion, die, aus unserer Unwissenheit
geschöpft, ihre kurzlebigen Wirkungen der Trägheit und
Feigheit der Menschenmassen danken. Sie verdient ein
besseres Schicksal und wird es hoffentlich haben. Als ›Tiefenpsychologie‹, Lehre vom seelisch Unbewußten, kann
sie all den Wissenschaften unentbehrlich werden, die sich
mit der Entstehungsgeschichte der menschlichen Kultur
und ihrer großen Institutionen wie Kunst, Religion und
Gesellschaftsordnung beschäftigen.« (E: 339)

In dieser Hinsicht haben sich Freuds Hoffnungen nicht erfüllt. Als Wissenschaft des Unbewußten konnte sich die
Psychoanalyse im Wissenschaftsbetrieb kaum etablieren,
institutionell blieb sie an die Medizin gebunden. In ihrer

Wirkung aber hat Freuds Werk die Grenzen der Medizin weit überschritten und das Selbstverständnis des Menschen grundlegend verändert.

↑ Philosophische Ärzte, Wissenschaft vom Unbewußten

Lamarckismus Der französische Naturforscher Lamarck begründete 1809 eine Evolutionstheorie, die davon ausgeht, daß bestimmte Merkmale von Lebewesen durch Umwelteinflüsse verändert und vererbt werden. Freud hat dieses Modell auf die Psyche übertragen, um plausibel zu machen, daß sich einmal erworbene psychische Formen gegen den historischen Wandel resistent zeigen. Es ist vor allem das archaische Erbe des Kriegs, das uns an die prähistorischen Empfindungen bindet. »So sind wir auch selbst, wenn man uns nach unseren unbewußten Wunschregungen beurteilt, wie die Urmenschen eine Rotte von Mördern.« Und an anderer Stelle heißt es in *Zeitgemäßes über Krieg und Tod*: »Er (der Krieg) streift uns die späteren Kulturauflagen ab und läßt den Urmenschen in uns wieder zum Vorschein kommen.« (IX: 57; 59)

Auf welche Weise der Urmensch psychisch wirksam bleibt, ist nicht leicht zu sehen. Hier greift Freud auf den Lamarckismus zurück und nimmt an, daß die früh erworbenen psychischen Einstellungen im genetischen Bestand der Menschheit Spuren hinterlassen haben. »Ein Teil der Aufgabe scheint durch die Vererbung psychischer Dispositionen besorgt zu werden, welche aber doch gewisser Anstöße im individuellen Leben bedürfen, um zur Wirksamkeit zu erwachen.« (IX: 441)

Noch im *Mann Moses und die monotheistische Religion* von 1939 kommt Freud auf die archaische Erbschaft zurück: »daß im psychischen Leben des Individuums nicht nur selbsterlebte, sondern auch bei der Geburt mitgebrachte Inhalte wirksam sein mögen, Stücke von phylogenetischer Herkunft, eine *archaische Erbschaft*«. (IX: 545) Allerdings läßt Freud keinen Zweifel daran, daß er sich nicht mehr auf die Biologie seiner Zeit stützen kann, »die von der Vererbung erworbener Eigenschaften auf die Nachkommen

nichts wissen will«. (IX: 547) Daß Freud an Lamarck festhält, ist auch von strategischer Bedeutung. Der Anschluß
an die Vererbungstheorie soll sicherstellen, daß sich die
Psychoanalyse nicht nur als Hermeneutik psychischer Ausdrücke versteht, sondern zugleich als Naturwissenschaft
psychischer Formen. In der Verallgemeinerung psychischer Formen, wie sie das Evolutionsmodell bietet, sieht
Freud die Möglichkeit, von der Individual- zur Massenpsychologie überzugehen – auch das eine unvermeidliche
Kühnheit. »Zugegeben, daß wir für die Erinnerungsspuren in der archaischen Erbschaft derzeit keinen stärkeren
Beweis haben als jene Resterscheinungen der analytischen Arbeit, die eine Ableitung aus der Phylogenese er-
fordern, so erscheint uns dieser Beweis doch stark genug,
um einen solchen Sachverhalt zu postulieren. Wenn es anders ist, kommen wir weder in der Analyse noch in der
Massenpsychologie auf dem eingeschlagenen Weg einen
Schritt weiter. Es ist eine unvermeidliche Kühnheit.« (IX:
547)
So gesehen ist der psychologische Lamarckismus eine mög-
liche Antwort auf die Frage, wie verallgemeinerbar die psychischen Formen sind, die Freud für das Individuum
rekonstruiert hat, zum Beispiel der Ödipuskomplex.
↑Urmensch

Lesehinweis »Jeder Leser Freuds, denke ich, wird sich
seiner ersten Eindrücke erinnern: eine unglaubliche Vor-
eingenommenheit für die am wenigsten wahrscheinlichen
Interpretationen, ein fanatisches Insistieren auf dem Sexuellen. Und alles in seinen verfallenen, pervertierten Formen: Bedeutung, Wort, Handlung – heruntergekommen
zu lächerlichen Kalauern. Doch – je mehr man liest, sich
selbst einbringt, und je mehr die Jahre vergehen, desto klarer stellt sich eine nicht erklärbare Evidenz psychoanalytischer Erkenntnisse ein. Und schließlich macht man seinen
Frieden mit dieser unbarmherzigen Hermeneutik.« (Mau-
rice Merleau-Ponty)

Liberalismus 1848 war auch im Habsburgerreich der
Versuch einer bürgerlichen Revolution gescheitert. Unter
Franz Joseph, der im selben Jahr Kaiser wurde, sollte das
alte autokratische Regime weiterbestehen. Es mußte aber
reformiert werden, um den Anschluß an die industrielle
Entwicklung der modernen Staaten nicht zu verpassen.
Vorrangig ging es um eine Beteiligung der Bürger am Staat.
Die Etablierung eines Kabinetts aus Beamten und Politi-
kern des Mittelstands (»Bürgerministerium«) veränderte
nach und nach die Habsburger Autokratie in eine, wenn
auch sehr beschränkte, konstitutionelle Monarchie. Seit
den sechziger Jahren bewirkten die Reformen eine Liberalisierung von Staat und Gesellschaft. An die politische Teilhabe aller Bürger war durchaus nicht gedacht; selbst nach
den Wahlrechtsreformen von 1873 waren nur 6 Prozent
der (männlichen) Bevölkerung wahlberechtigt.
Freud blieb dem Liberalismus stets verpflichtet und fühlte
sich als »Liberaler der alten Schule«. Tatsächlich hat der
Liberalismus die Lage der Juden in der Habsburgermonarchie so weit verbessert, daß um 1867 die rechtliche Diskriminierung weitgehend aufgehoben war. Nach der Umwandlung des Habsburgerreichs in die Doppelmonarchie
Österreich-Ungarn (1867) waren mehrere Kabinettsmitglieder Juden. Freud scheint tatsächlich ernsthaft überlegt
zu haben, Jura zu studieren und die politische Laufbahn
einzuschlagen. Er bekam aber bald zu spüren, daß die
rechtliche Emanzipation der Juden im Liberalismus die
eine, der latente Antisemitismus aber die andere Seite der
Habsburger Gesellschaft war. So hat er es stets als politische Entscheidung gegen einen Juden verstanden, daß
ihm der Professorentitel so lange vorenthalten worden ist.
Freud hat sich sein Leben lang als liberaler Bürger verstanden – gegen die Habsburgermonarchie und gegen den
Faschismus der Ersten Republik.
Der Liberalismus war von Anfang an ökonomisch ausgerichtet. Es ging mehr um den freien Markt und weniger um
das Programm einer liberalen Demokratie. Charakteristisch für die Habsburger Gesellschaft ist es gerade, daß eine

bürgerlich-liberale Mitte fehlt und deswegen Platz war für
all die Anachronien in der gesellschaftlichen Entwicklung
Österreich-Ungarns. Das Bürgertum mußte sich mit den
feudalen Formen der autokratischen Monarchie identifizieren. Das erzeugte den Widerspruch, ökonomisch pro-
gressiv und psychisch regressiv zu sein. Die Fixierung auf
den Feudalismus lag nicht im Interesse des Bürgertums und
lähmte psychische Energien. Auf der anderen Seite war
diese Regression realitätsgerecht und erlaubte es, Interes-
senskonflikte auszublenden. Bemerkenswert ist, daß auch
in Freuds Psychologie die liberale Mitte fehlt: die chaoti-
sche Kraft der Libido auf der einen, die repressive Rolle des
Über-Ich auf der anderen Seite. Auch daher stammt vielleicht das Unbehagen in der Kultur.
↑Anachronie, *Das Unbehagen in der Kultur*

Libido Gegen Carl Gustav Jung hat Freud darauf bestanden, daß Libido keine psychische Energie im allgemeinen
bezeichnet, sondern auf den Sexualtrieb bezogen werden
muß und insofern nicht für das ganze Triebleben stehen
kann. »Wir haben uns den Begriff der *Libido* festgelegt als
einer quantitativ veränderlichen Kraft, welche Vorgänge
und Umsetzungen auf dem Gebiete der Sexualerregung
messen könnte.« (V: 121) Nun läßt sich »derzeit« – wie
Freud anmerkt – diese psychische Energie objektiv nicht
messen; als quantitativ verstandene Kraft bietet sie aber
ein Erklärungsmodell für das Schicksal der Sexualtriebe.
Wie für die Triebe im allgemeinen gilt auch für die Libido,
daß ihre Objekte nicht eindeutig festgelegt und ihre Ziele
veränderlich sind. Welche Objekte der sexuelle Wunsch
auch besetzt, auf welche Ziele er sich auch richtet, hinter
allen Umwandlungen sieht Freud die Libido als »quantitativ veränderliche Kraft« wirksam, deren »Produktion,
Vergrößerung oder Verminderung, Verteilung und Verschiebung uns die Erklärungsmöglichkeiten für die beob-
achteten Phänomene bieten soll«. (V: 121)
Freud unterscheidet zunächst Sexualtriebe von Ich- oder
Selbsterhaltungstrieben und bezeichnet mit Libido die

Energie der Sexualtriebe. Klinische Befunde zwingen ihn
aber zu der Annahme, daß auch das Ich wie ein Liebesobjekt narzißtisch besetzt werden kann, und er führt deswegen eine neue Unterscheidung ein: Ichlibido, wenn die
eigene Person besetzt wird; Objektlibido, wenn es sich um
äußere Objekte handelt. Zwischen diesen beiden Formen
der Besetzung besteht ein energetisches Gleichgewicht.
Je mehr Energie die Ichlibido verbraucht, desto mehr verarmt die Objektlibido, und umgekehrt. »Als die höchste
Entwicklungsphase, zu der es die letztere bringt, erscheint
uns der Zustand der Verliebtheit, die sich uns wie ein Aufgeben der eigenen Persönlichkeit gegen die Objektbesetzung darstellt und seinen Gegensatz in der Phantasie
(oder Selbstwahrnehmung) der Paranoiker vom Weltuntergang findet.« (III: 43 f.)
↑*Drei Abhandlungen zur Sexualtheorie*

Lustprinzip   Lust ist in der Psychoanalyse nicht als indi-
viduelle Lebensregel gemeint, sondern als Regulations-
prinzip des psychischen Apparats. Tatsächlich geht es weniger um Lust als um die Vermeidung von Unlust. Freud
hatte zunächst auch vom »Unlustprinzip« gesprochen: Die
Erhöhung der Spannung – zum Beispiel durch einen körperlichen Reiz – wird als Unlust wahrgenommen und muß
wieder abgeführt werden. So zielt der psychische Apparat
darauf, »Anhäufung von Erregung zu vermeiden und sich
möglichst erregungslos zu erhalten«, und er verknüpft die
Anhäufung von Erregung mit der Empfindung von Unlust,
die Verringerung der Erregung mit der Empfindung von
Lust (II: 568). Hier wird noch einmal deutlich, daß es nicht
um die Aussicht geht, Lust zu erreichen; daß es überhaupt
nicht um ein ethisches Ziel geht, sondern um einen psychischen Mechanismus. Der psychische Apparat ist durch
die Differenz von Lust und Unlust geregelt, das Lustprinzip
sorgt dafür, daß Unlust auf dem kürzesten Weg in Lust umgewandelt wird. Für beide Zustände nennt Freud Ereignisse, die das psychische Leben prägen. Das Befriedigungserlebnis steht für die gelungene Aufhebung von (zum

Beispiel durch Hunger hervorgerufene) Triebspannung. Weil es aber nicht nur die Triebspannung aufgelöst, sondern die Befriedigung an ein Erinnerungszeichen geknüpft hat, ergibt sich damit ein neuer Modus, Unlust in Lust zu verwandeln: durch Wiederbelebung der Erinnerungszeichen. »Sobald das Bedürfnis ein nächstes Mal auftritt, wird sich, dank der hergestellten Verknüpfung, eine psychische Regung ergeben, welche das Erinnerungsbild jener Wahrnehmung wieder besetzen und die Wahrnehmung selbst hervorrufen, also die Situation der ersten Befriedigung wiederherstellen will. Eine solche Regung ist das, was wir einen Wunsch heißen; das Wiedererscheinen der Wahrnehmung ist die Wunscherfüllung, und die volle Besetzung der Wahrnehmung von der Bedürfniserregung her der kürzeste Weg zur Wunscherfüllung.« (II: 539) Aber sosehr sich der Wunsch auch erfüllen mag, körperliche Bedürfnisse kann er nicht befriedigen, nur imaginäre. Insofern hat sich das Lustprinzip als realitätsuntauglich erwiesen, und es muß deswegen durch ein zweites Prinzip eingeschränkt werden. Das Realitätsprinzip schiebt die unmittelbare Befriedigung auf und paßt sie den Umweltbedingungen an. Aus dem kurzen Weg des reinen Lustprinzips werden die langen Umwege zur Befriedigung, die das Realitätsprinzip vorschreibt. Dennoch bleibt das seelische Leben grundsätzlich durch das Lustprinzip bestimmt.

1920 hat Freud diesen Grundsatz in *Jenseits des Lustprinzips* eingeschränkt. Dabei beruft er sich vor allem auf klinische Befunde, in denen ein Zwang zur Wiederholung von Ereignissen manifest wird, die mit Unlust verbunden sind. »Hält man sich das Bild in seiner Gesamtheit vor, zu dem sich die Erscheinungen des immanenten Masochismus so vieler Personen, der negativen therapeutischen Reaktion und des Schuldbewußtseins der Neurotiker zusammensetzen, so wird man nicht mehr dem Glauben anhängen können, daß das seelische Geschehen ausschließlich vom Luststreben beherrscht wird. Diese Phänomene sind unverkennbare Hinweise auf das Vorhandensein einer Macht im Seelenleben, die wir nach ihren Zielen Aggressions-

oder Destruktionstrieb heißen und von dem ursprünglichen Todestrieb der belebten Materie ableiten.« (E: 382)
Aber auch der Todestrieb hebt das Lustprinzip nicht auf. Es
steht von Anfang an für das freie Abströmen von Energie,
für die Assoziation von Vorstellungen ohne Rücksicht auf
die Realität, für die kurzen Wege zur Lust. Dies bleibt immer einer der beiden Pole des seelischen Lebens, eng verknüpft mit dem Wunsch.
↑*Jenseits des Lustprinzips*, Wunsch, Befriedigungserlebnis

M

maskulin, feminin Kein anderes Thema wird in der Psychoanalyse so kontrovers diskutiert wie Freuds Theorie der
Geschlechter, in der die Frau als Mann erscheint, dem
etwas fehlt. »Die Anatomie ist das Schicksal« – nach dieser
Devise hat Freud dargelegt, daß weibliche Sexualität
grundlegend durch den anatomischen Unterschied bestimmt ist. Die analytische Geschlechtertheorie knüpft
zunächst an infantile Vorstellungen von Sexualität an, denen sie ein »Stück echter Wahrheit« zuschreibt. Die erste
dieser Theorien besteht darin, »*allen Menschen*, auch den
weiblichen Personen, einen Penis zuzusprechen, wie ihn
der Knabe vom eigenen Körper kennt«. (V: 176) Diese Vorstellung ist narzißtisch motiviert: Der Knabe sucht sich
in den anderen, und er findet sich auch dort, wo etwas anderes zu finden ist, indem er den Unterschied ausblendet.
»Wenn der kleine Knabe das Genitale eines Schwester-
chens zu Gesicht bekommt, so zeigen seine Äußerungen,
daß sein Vorurteil bereits stark genug ist, um die Wahrnehmung zu beugen; er konstatiert nicht etwa das Fehlen
des Gliedes, sondern sagt *regelmäßig*, wie tröstend und ver-
mittelnd: der ... ist aber noch klein; nun, wenn sie größer
wird, wird er schon wachsen.« (V: 176) Aus dieser Per-

spektive verschwindet der Unterschied im Laufe der Zeit,
und alle werden so sein, wie es der Knabe schon ist. Unter
den infantilen Sexualtheorien findet sich aber auch eine
grundsätzlich andere Interpretation: Ursprünglich waren
alle so wie der Knabe, einigen aber fehlt ein Stück in ihrer
Anatomie: durch Kastration. Freuds Geschlechtertheorie
bestätigt diese Version und damit die Geltung der Kastration, was aber auch heißt, einen Vorrang des Phallus für
beide Geschlechter zu behaupten. »Der Hauptcharakter
dieser ›infantilen Genitalorganisation‹ ist zugleich ihr Unterschied von der endgültigen Genitalorganisation der Erwachsenen. Er liegt darin, daß für beide Geschlechter nur
ein Genitale, das männliche, eine Rolle spielt. Es besteht
also nicht ein Genitalprimat, sondern ein Primat des Phallus.« (V: 238) Und Freud fügt hinzu, dies sei eine Beschreibung aus der Sicht des männliches Kindes; daß sie für das
Mädchen auch zutrifft, daran hat er jedoch keinen Zweifel
gelassen. Für die infantile Genitalorganisation gilt dann die
Formel: »männliches Genitale oder kastriert«. (V: 241) Diese
Auslegung ist schon früh auf heftigen Widerstand gestoßen. Ernest Jones und Melanie Klein haben Freuds Geschlechtertheorie kritisiert: Warum sollte weibliche Sexualität durch einen Mangel definiert und konstituiert sein
durch etwas, was die Frau nie besessen hat? Die Psycho-
analytikerin Karen Horney hat 1926 den Spieß umgedreht:
Die Entdeckung des anatomischen Unterschieds führt bei
den männlichen Kindern zu Kastrationsängsten, die auf
die Frau projiziert werden, um sich selbst heil und ganz zu
fühlen. Dabei stützt sie sich auf die Analyse von Knaben-
phantasien, die eine ähnliche Theorie des Mangels aufwei-
sen wie Freuds Auffassung von weiblicher Sexualität.
Aus dem Primat des Phallus hat Freud weitreichende
Konsequenzen für die Geschlechterdifferenz gezogen. Der
Knabe fühlt sich durch Kastration bedroht. Diese Angst ist
verknüpft mit aggressiven Strebungen gegen den Vater und
mit libidinösen gegen die Mutter. Das ist die ödipale Situation, die der Knabe überwindet, indem er die sexuellen
Wünsche gegenüber der Mutter aufgibt und so der Kastra-

tionsdrohung entgeht. Am Ende der ödipalen Situation wird die elterliche Autorität verinnerlicht und das Über-Ich als Instanz des Gewissens ausgebildet. Für das Mädchen ergibt sich aus Freuds Sicht eine völlig andere Lage. Sie fühlt sich kastriert und versteht diese Kränkung als Penismangel. So wendet sie sich von der Mutter ab und richtet ihre Wünsche darauf, daß der Vater ihren Mangel behebt. Schließlich verschiebt sie ihren Wunsch vom Vater auf ein Kind. Charakteristisch ist, daß ein starker Impuls fehlt, die ödipale Situation zu verlassen. »Beim Mädchen entfällt das Motiv für die Zertrümmerung des Ödipuskomplexes. Die Kastration hat ihre Wirkung bereits früher getan, und diese bestand darin, das Kind in die Situation des Ödipuskomplexes zu drängen. Dieser entgeht darum dem Schicksal, das ihm beim Knaben bereitet wird, er kann langsam verlassen, durch Verdrängung erledigt werden, seine Wirkungen weit in das für das Weib normale Seelenleben verschieben.« (V: 265) Freud nimmt an, die verlängerte ödipale Situation würde bewirken, daß die Instanz moralischer Orientierung und gesellschaftlicher Wahrnehmung, das Über-Ich, später und schwächer ausgebildet wird als beim männlichen Kind. »Man zögert, es auszusprechen, kann sich aber der Idee doch nicht erwehren, daß das Niveau des sittlich Normalen für das Weib ein anderes wird. Das Über-Ich wird niemals so unerbittlich, so unpersönlich, so unabhängig von seinen affektiven Ursprüngen, wie wir es vom Manne fordern. Charakterzüge, die Kritik seit jeher dem Weibe vorgehalten hat, daß es weniger Rechtsgefühl zeigt als der Mann, weniger Neigung zur Unterwerfung unter die großen Notwendigkeiten des Lebens, sich öfter in seinen Entscheidungen von zärtlichen und feindseligen Gefühlen leiten läßt, fänden in der oben abgeleiteten Modifikation der Über-Ich-Bildung eine ausreichende Begründung. Durch den Widerspruch der Feministinnen, die uns eine volle Gleichstellung und Gleichschätzung der Geschlechter aufdrängen wollen, wird man sich in solchen Urteilen nicht beirren lassen, wohl aber bereitwillig zugestehen, daß auch die Mehrzahl der Männer weit hinter dem

männlichen Ideal zurückbleibt [...]« (V: 265 f.) Für solche
Äußerungen ist Freud immer wieder als reaktionär, patri-
archalisch, frauenfeindlich, phallozentrisch kritisiert worden. Unübersehbar ist, daß Psychoanalyse die Geschichte
der Menschheit als Geschichte der Männer auslegt – Vatermord, Bruderhorde, Ödipus sind dafür nur einige Namen: Aus dieser Perspektive analysiert Freud gesellschaftliche und psychische Formen. Ebenso unabweisbar ist aber
auch, daß er die herrschende Kultur als repressiv beschreibt
und das Unbehagen in der Kultur auf Bedingungen zu-
rückführt, die charakteristisch für die männliche Triebstruktur sind: ein starkes Über-Ich, das nach innen und
nach außen aggressiv eingestellt ist. Freuds Kulturkritik gewinnt ihre Sprengkraft aus der Voraussetzung, daß die psychischen Strukturen nicht auf die Kausalität der Natur
zurückgeführt werden können, sondern über das Sinn-
potential der Kultur interpretiert werden müssen. Deswegen kann auch der anatomische Geschlechterunterschied
nicht das letzte Wort der Psychoanalyse sein. Was hier als
maskulin oder feminin bezeichnet wird, verweist auf die
Form, in der dieser Unterschied im seelischen Leben ausgedrückt ist, das heißt aber für die Psychoanalyse: im Unbewußten. Diesen Grundsatz hat Lacan so illustriert: »La
femme n'existe pas« – die Frau existiert nicht als substan-
tielle oder natürliche Gegebenheit; wohl aber ist das seelische Leben durch die Geschlechterdifferenz symbolisch
artikuliert. Die Aneignung dieses Unterschieds ist untrenn-
bar mit der Beziehung zwischen den Personen im ödipalen
Dreieck verbunden. Hier trifft das Begehren des Kindes auf
die Forderung, eine geschlechtliche Identität auszubilden.
↑*Dark Continent*, Pansexualismus, *Drei Abhandlungen zur
Sexualität*

Massenpsychologie und Urhorde Von Darwin übernahm Freud die Vermutung, daß die menschliche Gesellschaft ursprünglich als Horde organisiert war, über die ein
einzelner unumschränkt geherrscht hat. Die Geschichte
der Menschheit aber beginnt mit der Tötung dieses »über-

starken« einzelnen durch seine Söhne. Die Vaterhorde
wird zu einer Brüdergemeinde, die zum einen durch die
Reue über den Mord zusammengehalten wird und die sich
zum anderen ein Inzesttabu auferlegt, um Rivalitäten untereinander zu vermeiden. Die Urhorde bleibt jedoch das
Modell, an dem Freud seine Massenpsychologie orientiert.
Die Masse – darin sieht Freud einen »Zustand von Regression zu einer primitiven Seelentätigkeit, wie man sie gerade
der Urhorde zuschreiben möchte«. (IX: 114) Charakteristisch für diese Regression ist vor allem, daß die Einzel-
persönlichkeit sich auflöst, Gedanken und Gefühle gleich-
förmig werden, affektive und unbewußte Strömungen
vorherrschen. Demonstriert hat Freud die Wiederkehr der
Horde am Beispiel von Kirche und Heer. »In der Kirche –
wir können mit Vorteil die katholische Kirche zum Muster
nehmen – gilt wie im Heer, so verschieden beide sonst sein
mögen, die nämliche Vorspiegelung (Illusion), daß ein
Oberhaupt da ist – in der katholischen Kirche Christus, in
der Armee der Feldherr –, das alle einzelnen der Masse mit
der gleichen Liebe liebt. An dieser Illusion hängt alles; ließe
man sie fallen, so zerfielen sofort, soweit der äußere Zwang
es gestattete, Kirche wie Heer.« (IX: 88f.)
Für beide Institutionen gilt, daß der einzelne in zwei Richtungen affektiv gebunden ist: an den Führer (Christus,
Feldherr) und an die anderen Massenindividuen. In ihrer
Tendenz, sich nach außen abzuschließen und die einzelnen soweit wie möglich an sich zu binden, weist die Masse
Ähnlichkeiten zur Familie auf. Entscheidend für Freuds
Massenpsychologie ist die Einsicht, daß die Massenseele
wesentlich durch Gefühlsbindungen geprägt ist. In Le Bons
Psychologie der Massen (1895) findet Freud eine Beschreibung, die er im großen und ganzen für zutreffend hält. In
der Masse verliert das Individuum seine Eigenarten, seine
intellektuellen und moralischen Fähigkeiten sinken, während die Affektivität steigt. Freud geht es nicht darum, die
Massen zu diskreditieren, er will die Mechanismen dieser
offenkundigen Regression aufklären und greift dafür auf
den Begriff der Libido zurück, verstanden als »Energie sol-

cher Triebe, welche mit all dem zu tun haben, was man als
Liebe zusammenfassen kann«. (IX: 85) Genau diese Perspektive sieht er aber bei Le Bon und anderen Autoren aus-
gespart, »daß Liebesbeziehungen (indifferent ausgedrückt:
Gefühlsbindungen) auch das Wesen der Massenseele ausmachen«. (IX: 86)
Freuds Massenpsychologie läuft auf den Befund hinaus,
daß die modernen Massenbewegungen im Kern regressiv
sind, weil sie gesellschaftliche Institutionen nach dem Vor-
bild von Horden ausrichten. Das affektive Binnenklima der
Massen erlaubt es, das kulturell erworbene Maß an Trieb-
hemmung und Differenzierung zu unterschreiten und
Triebnatur auszuleben. *Massenpsychologie und Ich-Analyse* ist
1921 erschienen. Nachträglich läßt es sich als Analyse der
faschistischen Massenbewegung lesen, vor der Freud 1938
aus Wien fliehen mußte.
↑Urmensch, *Das Unbehagen in der Kultur*

Metapsychologie In der Regel spricht Freud von Psychoanalyse, wenn er die Psychologie meint, die er begründet hat. Wenn von Metapsychologie die Rede ist, geht es
um allgemeine Grundsätze oder Ansprüche, die in Kon-
kurrenz zu anderen Wissenschaften stehen: zu den Naturwissenschaften oder zur Philosophie. In einem Brief an
Wilhelm Fließ vom März 1898 heißt es: »Ich werde Dich
übrigens ernsthaft fragen, ob ich für meine hinter das Bewußtsein führende Psychologie den Namen Metapsychologie gebrauchen darf.« (F: 211) Die Analogie zur Metaphysik ist unverkennbar, tatsächlich versteht Freud die
Metapsychologie ausdrücklich als Kritik an den metaphy-
sischen Konstruktionen: »Die dunkle Erkenntnis (sozusagen endopsychische Wahrnehmung) psychischer Faktoren und Verhältnisse des Unbewußten spiegelt sich [...] in
der Konstruktion einer *übersinnlichen Realität*, welche von
der Wissenschaft in *Psychologie des Unbewußten* zurückver-
wandelt werden soll. Man könnte sich getrauen [...] die
Metaphysik in Metapsychologie umzusetzen.« (GW IV:
278f.)

Metapsychologie steht aber nicht nur für dieses weitgesteckte Ziel; in einem anderen Sinn bezeichnet Freud die vollständige psychologische Beschreibung eines Gegenstands als metapsychologisch. »Ich schlage vor, daß es eine *metapsychologische* Darstellung genannt werden soll, wenn es gelingt, einen psychischen Vorgang nach seinen *dynamischen, topischen* und *ökonomischen* Beziehungen zu beschreiben.« (III: 140) Es ist nicht leicht zu sehen, welche der Schriften Freuds diese Forderung erfüllen. So bleibt das Stichwort Metapsychologie programmatisch auf das Ziel gerichtet, das Freud immer vor Augen hatte: die Psychoanalyse systematisch zu begründen und sie zugleich als Wissenschaft des Unbewußten zu verallgemeinern. Gelegentlich scheint Freud die Idee der Metapsychologie selbst unheimlich geworden zu sein. In einer späten behandlungstheoretischen Schrift mit dem spekulativen Titel *Die endliche und die unendliche Analyse* heißt es nach einem Zitat aus Goethes *Faust*: »›So muß denn doch die Hexe dran.‹ Die Hexe Metapsychologie nämlich. Ohne metaphysisches Spekulieren und Theoretisieren – beinahe hätte ich gesagt: Phantasieren – kommt man hier keinen Schritt weiter. Leider sind die Auskünfte der Hexe auch diesmal weder sehr klar noch sehr ausführlich.« (E: 366)

N

Narzißmus Von den Figuren des griechischen Mythos ist es neben Ödipus vor allem Narziß, der in der Psychoanalyse auftritt. Narziß, der schöne Sohn des Flußgottes Kephissos, erwidert die Liebe der Nymphe Echo nicht und wird dafür von der Liebesgöttin Aphrodite bestraft. Er soll sich nur noch selbst lieben. Als er sein Spiegelbild in einer Quelle sieht, verliebt er sich in das Bild, das er selbst ist und das er doch niemals erreicht. Narziß wird weder homo-

sexuell noch neurotisch, davor bewahrt ihn die Metamor-
phose in die Blume, die nach ihm benannt ist und als Sinn-
bild herzloser Schönheit gilt.

Noch bevor Freud Narzißmus als Begriff in das Vokabular
der Psychoanalyse aufnimmt (*Zur Einführung des Narzißmus*, 1914), kommt der Ausdruck in seinen Schriften vor.
So steht Narzißmus für die Objektwahl der Homosexuel-
len, die »sich selbst zum Sexualobjekt nehmen, das heißt
vom Narzißmus ausgehend jugendliche und der eigenen
Person ähnliche Männer aufsuchen, die sie so lieben wollen, wie die Mutter sie geliebt hat«. (V: 56) Um die Disposition zur Homosexualität in der Entwicklungsgeschichte
der Libido zu markieren, nimmt Freud eine Stufe an, auf
der »das in Entwicklung begriffene Individuum, welches
seine autoerotisch arbeitenden Sexualtriebe zu einer Einheit zusammenfaßt, um ein Liebesobjekt zu gewinnen,
zunächst sich selbst, seinen eigenen Körper zum Liebesobjekt nimmt, ehe es von diesem zur Objektwahl einer
fremden Person übergeht«. (VII: 184)

1914 verankert Freud Narzißmus begrifflich und schließt
ihn an die Libidotheorie an. Er kann so den Umfang seiner
klinischen Theorie erweitern. Im Blickpunkt der Psychoanalyse standen zunächst die Übertragungsneurosen, die
durch Verschiebung der Libido auf (reale oder imaginäre)
Objekte zustande kommen. Das trifft aber auf die Psychosen nicht zu, charakteristisch für sie ist der Rückzug der Libido auf das Ich, so spricht Freud auch von narzißtischer
Neurose. Es sind vor allem klinische Befunde, die zu der
Annahme zwingen, daß auch das Ich wie ein Liebesobjekt
besetzt werden kann – darin besteht der Kern des Narzißmus. Freud hatte zunächst Sexualtriebe von Ich- oder
Selbsterhaltungstrieben unterschieden und mit Libido die
Energie der Sexualtriebe bezeichnet. Die Entdeckung des
Narzißmus führt zu einer neuen Unterscheidung: Ichlibido, wenn die eigene Person besetzt wird; Objektlibido,
wenn es sich um äußere Objekte handelt. Zwischen diesen
beiden Formen der Besetzung besteht ein energetisches
Gleichgewicht. Je mehr Energie die Ichlibido verbraucht,

desto mehr verarmt die Objektlibido, und umgekehrt.» Als die höchste Entwicklungsphase, zu der es die letztere bringt, erscheint uns der Zustand der Verliebtheit, die sich uns wie ein Aufgeben der eigenen Persönlichkeit gegen die Objektbesetzung darstellt und seinen Gegensatz in der Phantasie (oder Selbstwahrnehmung) der Paranoiker vom Weltuntergang findet.« (III: 43 f.)

In der Paranoia ist das energetische Gleichgewicht zerstört. Die gesamte Libido ist von den Objekten abgezogen und auf das eigene Ich übertragen, insofern entspricht die Phantasie vom Weltuntergang diesem extremen Narzißmus. Freud nennt ihn sekundär, weil er durch die Verarmung der Objektlibido zustande kommt: im Unterschied zum primären Narzißmus, wenn das Kind sich selbst zum Liebesobjekt nimmt, noch bevor es sich äußere Objekte wählt.

↑*Das Ich und das Es*, Neurosen, Ödipuskomplex, Libido

Neuronensprache: *Entwurf einer Psychologie* (1895)
1895 erscheinen die *Studien über Hysterie*. Dort legt Freud sich zum ersten Mal Rechenschaft darüber ab, daß die Krankengeschichten in der formalisierten Sprache der Naturwissenschaften nicht darstellbar sind, daß aber die angemessene Sprache eher an der Literatur orientiert ist und »des ernsten Gepränges der Wissenschaftlichkeit entbehren« muß.

»Ich bin nicht immer ein Psychotherapeut gewesen, sondern bin bei Lokaldiagnosen und Elektrodiagnostik erzogen worden wie andere Neuropathologen, und es berührt mich selbst noch eigentümlich, daß die Krankengeschichten, die ich schreibe, wie Novellen zu lesen sind und daß sie sozusagen des ernsten Gepränges der Wissenschaftlichkeit entbehren. Ich muß mich damit trösten, daß für dieses Ergebnis die Natur des Gegenstandes offenbar eher verantwortlich zu machen ist als meine Vorliebe; Lokaldiagnostik und elektrische Reaktionen kommen bei dem Studium der Hysterie eben nicht zur Geltung, während eine eingehende Darstellung der seelischen Vorgänge, wie man sie vom Dichter zu erhalten gewöhnt ist, mir gestat-

tet, bei Anwendung einiger weniger psychologischer Formeln doch eine Art Einsicht in den Hergang einer Hysterie zu gewinnen.« (GW I: 227)
Für den strengen Wissenschaftler aus der positivistischen
Schule bleibt diese Konsequenz heikel. Tatsächlich hat
Freud noch im selben Jahr, in dem diese Einsichten formuliert wurden, ein Manuskript beendet, das in einer völlig anderen Sprache geschrieben ist. Der *Entwurf einer
Psychologie* entwickelt den psychischen Apparat in einer
konsequent neurologischen Prosa als Funktion eines Neu-
ronensystems. Freud verknüpft hier Neurosenlehre, Psychologie und Hirnphysiologie mit dem Ziel, die zukünftige
Psychologie naturwissenschaftlich begründbar zu machen.
Es wäre zu einfach, den *Entwurf* als voranalytisch abzutun,
denn er enthält bereits ein Grundprinzip der Psychoanalyse: daß nämlich der psychische Apparat keine Wirklichkeit abbildet, sondern sie nach spezifischen Regeln gliedert.
Freud nimmt deswegen im *Entwurf* an, das Gedächtnis sei
nicht einfach, sondern mehrfach vorhanden. »Du weißt,
ich arbeite mit der Annahme, daß unser psychischer Mechanismus durch Aufeinanderschichtung entstanden ist,
indem von Zeit zu Zeit das vorhandene Material der Erinnerungsspuren eine *Umordnung* nach neuen Beziehungen,
eine *Umschrift* erfährt. Das wesentlich Neue an meiner
Theorie ist also die Behauptung, daß das Gedächtnis nicht
einfach, sondern mehrfach vorhanden ist, in verschiedenen Arten von Zeichen niedergelegt.« (F: 151) Die Neuronen haben bereits Zeichenqualität, weil sie auf die anderen
Zeichen verweisen, durch die ein bestimmtes Ereignis im
Gedächtnis repräsentiert ist. Festgehalten ist im *Entwurf*
auch die Einsicht, daß die Umschriften durch quantitative
Veränderungen bewirkt werden, daß die Quantität psychischer Energie aber den Zeichencharakter der Neuronen
nicht aufhebt, sondern ihn ausmacht. Freud greift in seiner Traumtheorie auf diese Ergebnisse zurück, um plausibel zu machen, daß die Traumbilder nicht auf die Wirklichkeit verweisen, sondern auf die Beziehung zwischen

den Zeichen, durch die ein bestimmtes Ereignis ins Unbewußte eingeschrieben ist. Die Verschränkung quantitati-
ver und psychischer Gesichtspunkte, die im *Entwurf* sichtbar wird, bleibt für die Psychoanalyse verpflichtend und
äußert sich zum Beispiel in der Triebtheorie als Grenzbegriff zwischen Körperlichem und Seelischem. An dieser
Grenze verläuft aber auch der Unterschied zwischen der
Physiologie der Neuronen im *Entwurf* und der Deutung der
Symptome in den *Studien über Hysterie*.
↑ Sachvorstellung/Wortvorstellung, *Die Traumdeutung*

Neurosen Angstneurose, Neurasthenie und Hypochon-
drie gelten in der Psychoanalyse als gemeine Neurosen, die
im strengen Sinn nicht therapiefähig sind. Freud spricht
von Aktualneurosen, weil ihr Ursprung nicht in infantilen
Konflikten zu finden ist. Der Anlaß der Störung ist nicht
psychisch, sondern somatisch, so daß die Symptome auch
nicht als symbolischer Ausdruck von Konflikten verstanden werden können. Der eigentliche Gegenstand der Psychoanalyse sind die Psychoneurosen, im wesentlichen
Zwangsneurose, Phobie und Hysterie.
Zwangsneurose: Hier äußert sich die Störung im zwang-
haften Impuls, etwas tun oder denken zu müssen. Der
Waschzwang ist das prominenteste Beispiel für eine
Zwangshandlung, die oft wie ein Ritual abläuft. Zwangsvorstellungen sind an Befürchtungen geknüpft, es werde
etwas passieren, das schrecklich ist und doch zugleich unbestimmt bleibt. Sie können aber auch in Einfällen bestehen, die mit den bewußten Absichten einer Person eigentlich unverträglich sind: obszöne Gedanken beim Gebet, die
sich nicht unterdrücken lassen. In der Zwangsneurose geht
es häufig um Schmutz und Sauberkeit, aber auch um
Aggression. Solche Themen lassen sich als Hinweis darauf
verstehen, daß die Zwangsneurose auf Positionen der ana-
len Phase zurückgreift. Freud hat die Zwangsneurose 1896
zum ersten Mal als selbständige Neurosenform beschrieben, für die Begründung der Psychoanalyse spielt sie eine
tragende Rolle. Charakteristisch für diese Krankheit ist,

daß die Affekte auf Vorstellungen verschoben werden, die besonders weit vom ursprünglichen Konflikt entfernt sind; typisch ist auch die Isolierung von Gedanken durch Unterbrechungen, Formeln oder Rituale, so daß sich Verbindungen mit anderen Gedanken nicht ergeben.

Die Zwangsneurose verweist auf einen Konflikt zwischen dem Ich und einem unbarmherzig streng eingestellten Über-Ich.

Phobie: Für die Phobie charakteristisch ist eine extreme Angst vor bestimmten Objekten und in bestimmten Situationen. Ob die Angst den Betroffenen selbst unsinnig erscheint oder nicht, ändert nichts an ihrer Wirksamkeit. Bei Freud ist die Phobie weniger eine selbständige Neurosenform als zentrales Symptom, das in verschiedenen neurotischen Störungen vorkommt, in der Zwangsneurose ebenso wie in der Schizophrenie. Vor allem aber ist die Angsthysterie durch die Phobie gekennzeichnet. In der Angsthysterie wird der Affekt von einer bestimmten, als unverträglich empfundenen Vorstellung abgespalten und als Angst freigesetzt, die sich dann wiederum an Objekte bindet, die als angstbesetzt erlebt werden.

Hysterie: Freud unterscheidet zwischen zwei Formen der hysterischen Störung: Konversions- und Angsthysterie. In der Konversionshysterie drücken sich die Symptome durch den Körper aus, hier wird die psychische in motorische Energie umgesetzt. In der Angsthysterie sind die Symptome nicht an den Körper gebunden, sondern werden an ein äußeres Objekt fixiert, das angstbesetzt ist und den Kern einer Phobie ausmacht. Für beide Formen der Hysterie nimmt Freud an, daß ihr Konfliktpotential in der frühen Kindheit angelegt und sexuell bestimmt ist.

↑ Dora, Kleiner Hans, Rattenmann, Wolfsmann

Neurosenlehre Im Kern läßt sich die Neurose als Konflikt zwischen Ich und Libido beschreiben: In der Neurose hat das Ich die Verfügung über die Libido verloren. Unter Libido versteht Freud sexuell motivierte psychische Energie, die aber nicht auf die Fortpflanzungsfunktion redu-

ziert, sondern vor allem von den frühen Formen des Lustgewinns geprägt ist, von den autoerotischen zum Beispiel.
In der frühen Kindheit wird die noch ungebundene Libido
formiert und entwickelt sich in Stufen, auf denen das psychische Leben jeweils durch eine Zone geprägt ist: oral,
anal, phallisch. Ihren Abschluß findet die Libidoentwicklung in der genitalen Organisation von Sexualität, d. h. in
der »Unterordnung aller sexuellen Partialtriebe unter den
Primat der Genitalien und damit die Unterwerfung der
Sexualität unter die Fortpflanzungsfunktion. Vorher ein
sozusagen zerfahrenes Sexualleben, selbständige Betäti-
gung der einzelnen nach Organlust strebenden Partialtriebe.« (I: 323) Freud rechnet ein gewisses Maß an Ent-
wicklungshemmung zu den normalen Bedingungen: Nicht
alle Phasen werden gleich gut durchlaufen und vollständig
überwunden, so daß Teile der psychischen Energie auf
früheren Stufen zurückbleiben. Die Libidofixierung ist für
sich genommen nicht pathologisch, sie wird aber zur Disposition der Krankheit, wenn eine externe Bedingung hin-
zukommt, die Freud Versagung nennt: daß nämlich die
Befriedigung der Libido nachhaltig gestört ist. »In schema-
tischer Verkürzung können Sie es aussprechen, daß die
Libidofixierung den disponierenden, internen, die Versagung den akzidentellen, externen Faktor der Neurosen-
ätiologie repräsentiert.« (I: 340) Die Libido muß sich dann
andere Wege der Befriedigung suchen, und sie greift auf
Positionen zurück, die sich wiederbesetzen lassen. Aber
auch diese Regression würde noch keine Neurose auslösen,
zu deren Entstehungsbedingungen stets ein Konflikt gehört. Der Konflikt entsteht durch Widerstände, die an anderer Stelle der Person gegen die neue Weise der Befriedigung gerichtet sind. »Welches sind aber die Mächte,
von denen Einspruch gegen die libidinöse Strebung ausgeht, die andere Partei im pathogenen Konflikt? Es sind
ganz allgemein gesagt die nicht sexuellen Triebkräfte. Wir
fassen sie als ›Ichtriebe‹ zusammen [...]« (I: 343) Im Kern
ist die Neurose ein Konflikt zwischen Sexualität und Ich,
wobei Sexualität im weiten Sinn die Befriedigung eroti-

scher Bedürfnisse meint. Die Versagung einer bestimmten Befriedigung führt dazu, daß sich Symptome bilden, die als Kompromiß auftreten zwischen dem Wunsch und der Abwehr. Wie die Traumbilder verweisen auch die Symptome auf einen Sinn, der aber über die Mechanismen der unbewußten Bearbeitung – wie Verschiebung und Verdichtung – zurückverfolgt werden muß. So kann Anna O. den Wunsch, tanzen zu gehen, während sie am Bett ihres kranken Vaters sitzt, nicht zulassen, weil er mit ihrem Anspruch nicht in Einklang zu bringen ist, aufopferungsvolle Tochter zu sein, aber auch mit den Anstandsregeln im viktorianischen Wien nicht verträglich ist. Gegen diesen Wunsch ist die Abwehr gerichtet mit dem Ziel, ihn vom Bewußtwerden abzuhalten. Das gelingt, indem die Vorstellung von den Affekten abgekoppelt wird, die Affekte aber können umgewandelt werden in körperliche Symptome. ↑Anna O., Hysterie

O

Ödipuskomplex Von den Figuren des griechischen Mythos ist es neben Narziß vor allem Ödipus, der in der Psychoanalyse auftritt. Laios, König von Theben, läßt seinen Sohn aussetzen, weil er sich durch einen Orakelspruch bedroht fühlt: sein Sohn werde den Vater töten und die Mutter heiraten. Das Kind wird mit durchbohrten und gefesselten Füßen von einem Hirten gefunden und schließlich vom korinthischen Königspaar aufgenommen, die es Schwellfuß nennen: Ödipus. Von seiner eigentlichen Herkunft weiß Ödipus nichts. Als er in Delphi die Prophezeiung hört, er werde seinen Vater töten und seine Mutter heiraten, kehrt er nicht mehr nach Korinth zurück, um dem Orakelspruch zu entgehen. Er ahnt nicht, daß der Mann, den er auf der Reise im Streit erschlägt, sein Vater, der Kö-

nig von Theben, ist. Als er Nachfolger des Königs wird, erfüllt sich auch der zweite Teil des Orakelspruchs: Er heira-
tet die Witwe des Königs – seine Mutter. Jahre später bricht
in Theben die Pest aus, und Ödipus entdeckt Stück für
Stück, daß sein Schicksal Ursache des Unglücks ist, das er
dann aufzulösen versucht, indem er sich blendet und in die
Verbannung geht. Seine Mutter erhängt sich.

Freud hat den Ödipuskomplex zuerst in seiner Selbstanalyse entdeckt. Darüber berichtet er Fließ am 15. Oktober
1897. »Meine Selbstanalyse ist in der Tat das Wesentlich-
ste, was ich jetzt habe, und verspricht, von höchstem Wert
für mich zu werden, wenn sie bis zu Ende geht. [...] Ich
habe die Verliebtheit in die Mutter und die Eifersucht
gegen den Vater auch bei mir gefunden und halte sie jetzt
für ein allgemeines Ergebnis früher Kindheit [...] Wenn
das so ist, versteht man die packende Macht des Königs
Ödipus trotz aller Einwendungen, die der Verstand gegen
die Fatumsvoraussetzung erhebt, und versteht, warum
das spätere Schicksalsdrama so elend scheitern mußte.«
(A: 191; 193)

Die Ambivalenz der Gefühle, die Verknüpfung von aggressiven und libidinösen Einstellungen den Eltern gegenüber,
auf die Freud in seiner Selbstanalyse stößt, sind charakteristisch für den Ödipuskomplex, der die Zeit zwischen dem
dritten und dem fünften Lebensjahr bestimmt. Diese Phase
hat Freud als phallische Stufe in der Libidoentwicklung
ausgezeichnet. Die Zuordnung des Ödipus zu dieser Stufe
hat allerdings weitreichende theoretische Konsequenzen,
denn phallisch soll hier die Weltansicht kennzeichnen, die
sich die Kinder auf dieser Stufe von ihrer eigenen Sexualität machen. Und Freud nimmt an, daß für beide Geschlechter nur ein einziges Organ von Interesse ist: der
Phallus. »Der Hauptcharakter dieser ›infantilen Genitalorganisation‹ ist zugleich ihr Unterschied von der endgültigen Genitalorganisation der Erwachsenen. Er liegt darin,
daß für beide Geschlechter nur ein *Genitale*, das männliche,
eine Rolle spielt. Es besteht also nicht ein Genitalprimat,
sondern ein Primat des *Phallus*.« (V: 238). Für die phalli-

sche Stufe gilt dann die Formel: »*männliches Genitale* oder *kastriert*«. (V: 241) In Freuds Rekonstruktion infantiler Sexualität ist nicht immer leicht zu erkennen, was als reale und was als imaginäre Ebene gelten soll. Bezugspunkt für beide Geschlechter bleibt der anatomische Unterschied; dieser Unterschied ermöglicht aber zugleich die Phantasie, daß der Phallus von den Personen unabhängig existiert und sich dann einzelnen Personen zu- oder absprechen läßt. »Absprechen«, das heißt im Vokabular der Psychoanalyse »kastrieren«. So erlaubt die Kastrationsphantasie eine Reihe von Kombinationen: Der Knabe rechnet mit der Möglichkeit, den Phallus zu verlieren; das Mädchen stellt sich vor, ihn schon verloren zu haben; während beide davon ausgehen, daß der Vater ihn hat, bleibt für beide die Frage, ob die Mutter ihn hat oder nicht. In einem strengen Sinn hat Freud den Ödipuskomplex nur für den Knaben rekonstruiert. Alle Aussagen über den Ödipuskomplex des Mädchens sind deswegen problematisch und stehen unter dem Vorbehalt, den Freud später so formuliert hat, daß weibliche Sexualität für ihn ein *dark continent* sei.

Die Datierung des Ödipus auf die Zeit zwischen dem dritten und dem fünften Jahr gilt ausschließlich für den Knaben. Für ihn endet die ödipale Situation dann, wenn die Kastrationsdrohung wirksam wird und er die aggressive Einstellung gegen den Vater aufgibt. Damit löst sich auch das libidinöse Interesse an der Mutter auf. Für das männliche Kind beginnt dann die Latenzphase: Die sexuellen Impulse werden in zärtliche Strömungen umgewandelt, die elterliche Autorität wird verinnerlicht und nach und nach durch das Über-Ich ersetzt. In der Pubertät aktualisiert sich der Ödipuskomplex dann noch einmal, um schließlich mit der Pubertät endgültig unterzugehen.

Freud rechnet den Ödipusmythos zu den Spuren, die auf das historische Ereignis verweisen, mit dem die Geschichte der Menschheit beginnt: der Mord am Urvater. Motiviert ist dieser Mord nicht nur durch das Interesse, die Autorität des Vaters zu beseitigen, sondern auch durch den Wunsch nach freiem sexuellem Zugang zur Mutter. Für die Psy-

choanalyse bedeutsam ist gerade diese Verknüpfung von
aggressiver und libidinöser Haltung, die zu Mord und Inzest
führt. Aus Freuds Perspektive beginnt die Kultur, wenn das
Verbrechen geschehen ist, ihre Leistung aber besteht darin,
die Triebe zu hemmen und das Verbot als Instanz zu etablieren: das Tötungs- und das Inzestverbot. Der antike Mythos beschwört in Ödipus das archaische Erbe, und er konfrontiert die Kultur mit der Einsicht, daß sie in dieses Erbe
verstrickt bleibt. Das ist ganz in Freuds Sinn. Er rechnet
Ödipus zu den »phylogenetisch mitgebrachten Schemata,
die wie philosophische ›Kategorien‹ die Unterbringung der
Lebenseindrücke besorgen. Ich möchte die Auffassung vertreten, sie seien Niederschläge der menschlichen Kulturgeschichte. Der Ödipuskomplex, der die Beziehung des
Kindes zu den Eltern umfaßt, gehört zu ihnen, ist vielmehr
das bestgekannte Beispiel dieser Art.« (VIII: 229) Der Ödipuskomplex stellt die Verbindung zum Verbrechen her, in
dem Freud den Ursprung der Kultur sieht, und führt die
elementaren Bedingungen der Kultur vor: den unbewußten Wunsch durch das Verbot einzuschränken und durch
die symbolische Ordnung zu bestimmen, in der das Verbot
ausgesprochen ist. »Jedem menschlichen Neuankömmling ist die Aufgabe gestellt, den Ödipuskomplex zu bewältigen; wer es nicht zustande bringt, ist der Neurose verfallen.« (V: 129)

P

Pansexualismus Der gelehrte Ausdruck für den Vorwurf, die Psychoanalyse würde alles aus der Sexualität erklären, lautet Pansexualismus. Daß dieser Vorwurf nicht
zutrifft, zeigt schon ein kurzer Blick auf Freuds Triebtheorie. Sie war immer dualistisch: Selbsterhaltungs- und Sexualtriebe; später dann Lebens- und Todestriebe. In der Rede

vom Pansexualismus ist genau der Begriff von Sexualität
vorausgesetzt, den die Psychoanalyse überwinden will.
»Was man außerhalb der Psychoanalyse Sexualität heißt,
bezieht sich nur auf ein eingeschränktes, im Dienste der
Fortpflanzung stehendes und normal genanntes Sexualleben.« (I: 315) Freud erweitert die Perspektive auf Sexualität so, daß jetzt auch die frühe Kindheit, die Perversionen
und die sexuellen Motive neurotischer Störungen in den
Blick kommen. Und schließlich erinnert er seine gelehrten
Kritiker an Plato: »Was aber die ›Ausdehnung‹ des Begriffs
der Sexualität betrifft, die durch die Analyse von Kindern
und von sogenannten Perversen notwendig wird, so mögen alle, die von ihrem höheren Standpunkt verächtlich
auf die Psychoanalyse herabschauen, sich erinnern lassen,
wie nahe die erweiterte Sexualität der Psychoanalyse mit
dem *Eros* des göttlichen Plato zusammentrifft.« (V: 46)
↑Lesehinweis, Perversion, Sexualität

Perversion Damit ist die Abweichung von der Norm gemeint, die Sexualität auf Fortpflanzung festlegt. Pervers
sind dann diejenigen, »die sich zum Ziele der sexuellen
Wünsche gesetzt haben, was normalerweise nur einlei-
tende Handlung ist. Also die das Beschauen und Betasten
der anderen Person oder das Zuschauen bei intimen Ver-
richtungen derselben anstreben oder die ihre eigenen zu
verbergenden Körperteile entblößen in einer dunklen Er-
wartung, durch eine gleiche Gegenleistung entlohnt zu
werden.« (I: 302) Freud benutzt den Ausdruck Perversion
ganz konventionell, um die Abweichung bestimmter sexueller Wünsche von der Norm zu bezeichnen. Zugleich
kritisiert er aber die normative Festlegung von Sexualität
auf Fortpflanzung. »Was man außerhalb der Psychoanalyse Sexualität heißt, bezieht sich nur auf ein eingeschränktes, im Dienste der Fortpflanzung stehendes und
normal genanntes Sexualleben.« (I: 315) Freud will den
Begriff des Sexuellen so weit ausdehnen, daß er auch das
Sexualleben der Perversen und der Kinder umfaßt. Für die
infantile Sexualität folgt daraus, daß sie selbst auch nur von

perverser Art sein kann, »denn dem Kinde fehlt noch bis auf wenige dunkle Andeutungen, was die Sexualität zur Fortpflanzungsfunktion macht. Andererseits ist es der gemeinsame Charakter aller Perversionen, daß sie das Fortpflanzungsziel aufgegeben haben.« (I: 312) Freuds erweiterter Begriff von Sexualität ist zwischen den Grenzen von pervers und normal definiert. Infantile Sexualität ist pervers, aber normal, weil die biologischen Voraussetzungen für eine genitale Organisation noch fehlen. Das Sexualleben des Erwachsenen ist normal, aber pervers, weil es zwar durch die Fortpflanzungsfunktion bestimmt ist, psychisch unbestimmbar hingegen bleibt diese Funktion selbst. Im strengen Sinn gilt deswegen: »Schon der Kuß hat Anspruch auf den Namen eines perversen Aktes, denn er besteht in der Vereinigung zweier erogener Mundzonen an Stelle der beiderlei Genitalien.« (I: 317) In der Regel verdient der Kuß es dann doch nicht, pervers genannt zu werden, weil er die »beiderlei Genitalien« nur symbolisiert.

In der Perversion hat Freud den Grundzug des psychischen Lebens entdeckt, Lust zu gewinnen, die ihren Zweck in sich selbst hat – »was allein dem Lustgewinn dient, wird mit dem nicht ehrenvollen Namen des *Perversen* belegt und als solches geächtet«. (I: 312) Das trifft nach der Einsicht Freuds ebenso für menschliche Sexualität zu: Sie ist ursprünglich durch Lustgewinn geprägt. Durch diesen Ursprung bleibt sie verbunden mit dem elementaren Motiv des Psychischen, nach Lustgewinn zu streben. In einem sehr allgemeinen Sinn hat Freud dieses Streben Wunsch genannt.

↑Lustprinzip, Wunsch

Phallus Im Vokabular Freuds ist zwischen Phallus und Penis nicht eindeutig unterschieden. Orientiert am aktuellen Gebrauch dieser beiden Ausdrücke in der Psychoanalyse, läßt sich aber auch bei Freud eine Differenz kenntlich machen. Penis bezeichnet das männliche Organ in seiner anatomischen Realität, Phallus die symbolische Rolle, die dieser Realität in der psychischen Struktur zukommt. Erst von

dieser Voraussetzung aus ist Freuds Behauptung diskutierbar, in der phallischen Phase (zwischen dem dritten und dem fünften Jahr) sei das sexuelle Interesse beider Geschlechter am Phallus orientiert, der als ablösbar vom Körper verstanden wird und insofern eine Kastrationsphantasie ermöglicht. Zur Wirkung dieser Phantasie gehört es, daß sich der Geschlechterunterschied auf eine einfache Alternative reduzieren läßt: den Phallus haben oder kastriert sein. Dieses Spiel, sich selbst und anderen einen Phallus zu- oder abzuschreiben, beherrscht den Ödipuskomplex, und es wird von beiden Geschlechtern gleichermaßen gespielt. Das hat Freud stets betont, und offensichtlich greift die Kritik zu kurz, wenn sie den Kastrationskomplex auf den anatomischen Unterschied reduziert, der die Frau durch einen Mangel definiert. Die Erfahrung des Mangels ist psychoanalytisch jedoch nicht durch ein anatomisches Defizit des einen Geschlechts begründet, sondern viel fundamentaler durch die Anerkennung, daß für den erotischen Wunsch Verbote und für deren Übertretung Sanktionen gelten: für beide Geschlechter. So bleibt der Phallus zwar notwendig auf die anatomischen Gegebenheiten der Sexualität bezogen. In der Kastrationsphantasie zeigt sich aber, daß er als Symbol eingesetzt wird, um das ödipale Spiel zu ermöglichen, einen Phallus zu- oder abzusprechen. Freud hat stets am Vorrang des Phallus festgehalten. Seine Botschaft aber lautet, daß der Unterschied der Geschlechter nicht anatomisch begründet ist, sondern psychisch.
↑Kastration, Ödipuskomplex

Philosophische Ärzte Im April 1896 schreibt Freud an Wilhelm Fließ: »Ich habe als junger Mensch keine andere Sehnsucht gekannt als die nach philosophischer Erkenntnis, und ich bin jetzt im Begriffe, sie zu erfüllen, indem ich von der Medizin zur Psychologie hinüberlenke. Therapeut bin ich wider Willen geworden [...]« (F: 142) Die Psychoanalyse soll davor bewahrt werden, »von der Medizin verschluckt zu werden«, Freud will sie als Wissenschaft des Unbewußten etablieren, und er hat doch stets daran

festgehalten, daß die Wissenschaft des Unbewußten an
der Physiologie orientiert sein soll. Für dieses Programm
sieht er weder in der medizinischen noch in der philosophischen Tradition Anschlußmöglichkeiten. Die Rolle der
Physiologie für die Bestimmung des Menschen hat jedoch
eine lange Tradition, auf die Freud nicht eingeht. So zeichnet sich seit dem 16. Jahrhundert eine Philosophie des
Menschen ab, die weder auf eine theologisch orientierte
Metaphysik noch auf experimentelle Naturwissenschaft
setzt. Das Interesse richtet sich auf die Natürlichkeiten:
Der Leib, die natürlichen Unterschiede von Klima, Geschlecht oder Lebensalter bilden hier die Themen. Aus der
Verknüpfung von Physiologie und Philosophie entsteht
seit der Mitte des 18. Jahrhunderts eine anthropologische
Bewegung, die wesentlich von den »philosophischen Ärzten« repräsentiert wird. In seiner *Anthropologie für Aerzte
und Weltweise* von 1772 fordert Ernst Platner, Körper und
Seele sollen in ihren gegenseitigen Verhältnissen, Ein-
schränkungen und Beziehungen zusammen betrachtet
werden, »und das ist es, was ich Anthropologie nenne«.
Die neue Anthropologie will die Trennung von Denken
und Körper zurücknehmen, die der neuzeitliche Rationa-
lismus als Preis für ein begrifflich klares und methodisch
gesichertes Wissen gefordert hatte. Dagegen setzt die Anthropologie auf den Bezug zur Wirklichkeit. Und es ist vor
allem der Körper, der als Kontext des Denkens wieder eingeführt werden soll, darin äußert sich ein physiologisches
Interesse. Physiologie steht hier aber nicht für die naturwissenschaftliche Vergegenständlichung, sondern für die
Naturalisierung des Menschen. Verpflichtet ist die Anthropologie des 18. Jahrhunderts dem Motto »der ganze
Mensch«.
Gerade die Rückbindung des Menschen an die Natur wird
aber immer wieder zum Problem, weil sie auf die Ansprüche abstrakter Vernunft trifft. So schließt Kant gegen
Ende des 18. Jahrhunderts für die Begründung einer Anthropologie die Verbindung zur Physiologie aus. Die Anthropologie soll den Menschen nicht aus seiner Naturab-

hängigkeit begreifen, sondern fragen, »was er als frei handelndes Wesen aus sich selber macht oder machen kann und soll«. Kant wollte der Anthropologie die physiologische Frage austreiben, »was die Natur aus dem Menschen macht«. Sie ist dennoch immer wieder gestellt worden, eindringlich zum Beispiel von Johann Gottfried Herder. Für die Zukunft der Psychoanalyse ist diese Tradition durchaus bedeutsam, weil sie nahelegt, Freuds Rückgriff auf die Physiologie nicht nur für ein Selbstmißverständnis zu halten, sondern für die Bedingung, unter der sich die Psychoanalyse als Anthropologie verstehen könnte. Erst dann könnte auch verständlich werden, was es eigentlich heißt, der Trieb sei »ein Grenzbegriff zwischen Seelischem und Somatischem, als psychischer Repräsentant der aus dem Körperinnern stammenden, in die Seele gelangenden Reize, als ein Maß der Arbeitsanforderung, die dem Seelischen infolge seines Zusammenhangs mit dem Körperlichen auferlegt ist«. (III: 85)
↑Anthropologie, Wissenschaft vom Unbewußten, Laien

Primärvorgang/Sekundärvorgang Freud unterscheidet zwei Funktionsweisen des psychischen Apparats: Primär- und Sekundärvorgang. Der Primärvorgang ist der Modus, nach dem das Unbewußte funktioniert. Charakteristisch ist hier, daß nichtgebundene Energie zirkuliert und nach den Mechanismen von Verdichtung und Verschiebung bearbeitet wird; der Primärvorgang zielt darauf ab, Wahrnehmungen wiederzufinden und wiederzubesetzen, die mit Befriedigungserlebnissen verknüpft sind (1). Der Sekundärvorgang ist der Modus, nach dem das Bewußtsein funktioniert (eingeschlossen das Vorbewußte: alles, was aktuell nicht bewußt, aber bewußtseinsfähig ist). Charakteristisch ist hier, daß die Energie gebunden ist und die Vorstellungen auf stabile Weise besetzt sind; der Sekundärvorgang zielt darauf ab, die Befriedigung aufzuschieben (2).

1) Der Primärvorgang reguliert das Unbewußte nach den Mechanismen von Verschiebung und Verdichtung. Die

Verdichtung sorgt dafür, daß mehrere Vorstellungen, die assoziativ miteinander verbunden sind, durch ein einziges Element im Unbewußten vertreten werden können. Die Verschiebung erlaubt es, Intensität, Bedeutsamkeit, emotionellen Ton oder Akzent von einer bestimmten Vorstellung auf andere zu übertragen, die mit der ersten durch Assoziationsketten verbunden sind. Sie bewirkt so die »Umwertung der psychischen Wertigkeiten«.

Die unbewußten Vorstellungen treten wie Zeichen ohne konstante Bedeutung auf. Interpretieren lassen sie sich über die Kontexte, die in der Deutung jedesmal hergestellt werden müssen. Was ein Traumbild meint, läßt sich nur über die anderen Traumbilder und über die Assoziationen des Träumers erschließen. Das unterscheidet die primären Zeichen von den Elementen des Bewußtseins, die sich grundsätzlich, wenn auch nicht vollständig, über den Code der Sprache interpretieren lassen. Für die Sprache des Unbewußten, der Träume oder der Wünsche ist keine grammatisch geregelte Zuordnung von Zeichen und Bedeutung vorgesehen. Freud hat die Elemente, mit denen der Primärvorgang arbeitet, Sachvorstellungen genannt. Sie leiten sich von den Gegenständen der sinnlichen Anschauung ab. In den Sachvorstellungen werden aber die Dinge nicht abgebildet, sondern zerlegt, nach unterschiedlichen Aspekten gegliedert und dann assoziativ verknüpft. Der Primärvorgang ist an das Lustprinzip gebunden und zielt darauf ab, die Sachvorstellungen wieder wahrnehmbar zu machen, die mit der Erfahrung von Lust verknüpft sind – und zwar auf dem schnellen halluzinatorischen Weg wie in den Träumen.

2) Der Sekundärvorgang dämpft die Mechanismen von Verdichtung und Verschiebung und bindet die Energie an stabile Vorstellungen. Charakteristisch für das Bewußte ist, daß die Sachvorstellungen an Wortvorstellungen geknüpft sind. Schon im *Entwurf einer Psychologie* von 1895 stellt Freud einen grundsätzlichen Zusammenhang zwischen Bewußtwerden und Verbalisieren her. Erst wenn eine Erinnerungsspur mit einem Wort verknüpft wird, kann sie

bewußt wahrgenommen werden. An dieser Konzeption
hält Freud fest. 1915 heißt es in *Das Unbewußte*: »Die bewußte Vorstellung umfaßt die Sachvorstellung plus der zugehörigen Wortvorstellung, die unbewußte ist die Sachvorstellung allein.« (III: 160) Durch die verbale Sprache ist
das Bewußtsein durchgehend gegliedert, und es verfügt
damit über eine Grammatik, nach der sich Vorstellungen
ordnen lassen. Anders als die Sachvorstellungen verfügen
die Wortvorstellungen über konstante Bedeutungen, die
durch einen Code geregelt sind. Der Sekundärvorgang ist
nicht an der Intensität von Vorstellungen interessiert. Hier
geht es nicht darum, bestimmte Vorstellungen wieder
wahrnehmbar zu machen, sondern Denkverbindungen
zwischen Vorstellungen herzustellen. In allen diesen Eigenschaften läßt sich der Sekundärvorgang dem Realitätsprinzip zurechnen.

↑Befriedigungserlebnis, *Traum von der botanischen Monographie*, Sprache, Sachvorstellung-Wortvorstellung

Psychischer Apparat   Die Begründung der Psychoanalyse hängt mit der Einsicht zusammen, daß sich das Psychische nicht aus der Physiologie oder der Anatomie des Nervensystems ableiten läßt, sondern über eine eigene Qualität
verfügt. Zur Darstellung dieser Qualität greift Freud aber
dennoch auf naturwissenschaftliche Begründungsstrate-
gien zurück. »Unsere Annahme eines räumlich ausgedehn-
ten, zweckmäßig zusammengesetzten, durch die Bedürfnisse des Lebens entwickelten psychischen Apparates, der
nur an einer bestimmten Stelle unter gewissen Bedingungen den Phänomenen des Bewußtseins Entstehung gibt, hat
uns in den Stand gesetzt, die Psychologie auf einer ähnli-
chen Grundlage aufzurichten wie jede andere Naturwissenschaft, z. B. die Physik. Hier wie dort besteht die Aufgabe
darin, hinter den unserer Wahrnehmung direkt gegebenen
Eigenschaften (Qualitäten) des Forschungsobjektes anderes
aufzudecken, was von der besonderen Aufnahmefähigkeit
unserer Sinnesorgane unabhängiger und dem vermuteten
realen Sachverhalt besser angenähert ist.« (A: 52)

Der psychische Apparat ist zunächst als Reflexbogen gedacht, in dem psychische Energie zwischen Wahrnehmungsende und motorischem Ende zirkuliert. In Gang gehalten wird der Apparat durch Antriebsenergien des Organismus, durch die Triebe. Dabei definiert Freud die Erhöhung der Spannung als Unlust, die Verringerung der Spannung als Lust. Der Apparat dient dazu, die Triebspannung, die am Wahrnehmungsende auftritt, am motorischen Ende abzuführen, zumindest aber die Spannung konstant zu halten. Wie ein Energieverteilungsapparat erscheint hier die Seele. An den triebökonomischen Grundlagen, die der psychische Apparat darstellt, hat Freud festgehalten und zugleich darauf bestanden, daß sich das Psychische mit ausschließlich naturwissenschaftlichen Verfahren nicht verständlich machen läßt. »Wir wollen ganz beiseite lassen, daß der seelische Apparat, um den es sich hier handelt, uns auch als anatomisches Präparat bekannt ist, und wollen der Versuchung sorgfältig aus dem Weg gehen, die psychische Lokalität etwa anatomisch zu bestimmen.« (II: 512)

Mit der Einführung einer zweiten psychischen Funktion wird aus dem Reizapparat ein Instrumentarium, das Energie nicht nur verteilt, sondern mit Vorstellungen verknüpft, die Bedeutungen tragen. Der Sekundärvorgang wandelt das Strömen der psychischen Energie in Wellenlängen um, die für ein bestimmtes Individuum charakteristisch sind, und macht aus dem Reflexbogen psychisches Leben. Mit dem Sekundärvorgang ist auch die Sprache Bestandteil des psychischen Apparats geworden, und sie ist es vor allem, die ein anderes Modell der Seele verlangt, wie Freud es dann in der Topik vorgelegt hat: ein Modell psychischer Orte ohne Bezug auf die Anatomie des Gehirns.
↑Topik, Neuronensprache

Psychoanalyse: eine ideale Beschreibung Historisch hat Freud die analytische Therapie von der hypnotischen abgesetzt und zugleich von der Psychiatrie unterschieden. Von beiden Behandlungsverfahren unterscheidet sich die

Psychoanalyse durch die Arbeitsleistung, die sie vom Patienten fordert. Er selbst muß so viel an psychischer Dynamik freisetzen, daß die abgespaltenen Teile seines Seelenlebens wieder verfügbar werden. Weil das Medium der Therapie hier aber Sprache ist, wird der Arzt in die Dynamik der Kur einbezogen: Er wird angesprochen, und er kann nicht verhindern, daß der Patient auf ihn überträgt, was dessen Erfahrung mit anderen Personen einmal geprägt hat. Daß auch in der hypnotischen Therapie und in der Psychiatrie Übertragungen stattfinden, würde Freud nicht leugnen. Entscheidend ist aber, daß die analytische Therapie den Kern der Behandlung in der Übertragung sieht.

So hat Freud in den *Vorlesungen zur Einführung in die Psychoanalyse* die therapeutische Arbeit durch zwei Phasen der Übertragung charakterisiert. Es geht nicht um eine Fallstudie, sondern um eine ideale Beschreibung der therapeutischen Wirkung in der Psychoanalyse. Die Neurose ist als Konflikt zwischen Ich und Libido dargestellt: Das Ich hat die Verfügung über seine Libido verloren. »Die therapeutische Aufgabe besteht also darin, die Libido aus ihren derzeitigen, dem Ich entzogenen Bindungen zu lösen und sie wieder dem Ich dienstbar zu machen.« (I: 436) Der Prozeß der Heilung verläuft auf den Bahnen der Übertragung in zwei Phasen: »In der ersten wird alle Libido von den Symptomen her in die Übertragung gedrängt und dort konzentriert.« (437) In dieser ersten Phase geht es darum, die Krankheit des Patienten nach und nach in eine künstliche Krankheit, in eine Übertragungskrankheit umzuwandeln, also die vielen irrealen Libidoobjekte in das »eine wiederum phantastische Objekt der ärztlichen Person«. (437) Aus dieser Krankheit soll es keine Flucht in eine neue Krankheit geben, weil der Therapeut alle Wege der Verdrängung blockiert und die zweite Übertragungsphase vorbereitet. Dort wird dann »der Kampf um dies neue Objekt durchgeführt und die Libido von ihm freigemacht«. (437) Die therapeutische Aufgabe, die Libido wieder für das Ich verfügbar zu machen, kann dann gelingen, wenn eine

Reihe von Bedingungen erfüllt sind: Die Verdrängung muß ausgeschaltet werden, damit sich die Libido nicht mehr dem Ich entziehen kann; das Ich muß sich verändern: dem Unbewußten gegenüber muß es stabiler und größer, der Libido gegenüber versöhnlicher werden; ein Teilbetrag der Libido muß sublimiert werden. Aber auch die Grenzen des therapeutischen Erfolgs hat Freud benannt: »Seine Schranke findet er an dem Mangel an Beweglichkeit der Libido, die sich sträuben kann, von ihren Objekten abzulassen, und an der Starrheit des Narzißmus, der die Objektübertragung nicht über eine gewisse Grenze anwachsen läßt.« (437)

Freud hat die therapeutische Wirkung wesentlich an den Mechanismus der Übertragung geknüpft und die analytische Therapie im Medium der Sprache begründet und an die Grundregel gebunden. Beides verweist aufeinander. In der Übertragung lassen sich die verdrängten Affekte auf die Sprache und durch die Sprache auf den Therapeuten übertragen. Daß die Neurose eine Geschichte hat, die in der Sprache des Patienten verborgen ist und im Gespräch rekonstruiert werden muß – diese Voraussetzung unterscheidet die Psychoanalyse von der hypnotischen Therapie ebenso wie von der Psychiatrie.

↑Analyse/Hypnose, Analyse/Psychiatrie, Übertragung

Psychologische Mittwoch-Gesellschaft 1902 wurde eine Gesprächsgruppe aus Wiener Ärzten gegründet, die am Mittwochabend bei Freud in der Berggasse tagte. Nach und nach erweiterte sich der Kreis, hinzu kamen auch Laien, was Freud besonders wichtig war, weil er die Psychoanalyse nicht auf die Medizin beschränkt sehen wollte. Einer der Laien, der Musikwissenschaftler Max Graf – im übrigen Vater des Kleinen Hans, dessen Neurose Freud behandelt hat –, schildert das Ritual der Mittwoch-Gesellschaft: »Zuerst hielt eines der Mitglieder einen Vortrag. Dann wurden schwarzer Kaffee und Kuchen gereicht; Zigarren und Zigaretten lagen auf dem Tisch und wurden in großen Mengen konsumiert. Nach einer geselligen Viertelstunde begann die Diskussion. Das letzte und entscheidende Wort sprach immer Freud selbst.« 1906 hatte die Gesellschaft siebzehn Mitglieder. Von der vertraulichen und inspirierenden Atmosphäre der ersten Jahre war immer weniger übriggeblieben, die Auseinandersetzungen nahmen zu. 1908 schlug Freud vor, die formlose Gruppe aufzulösen und als Wiener Psychoanalytische Vereinigung wieder zu gründen. Aber auch unter dem neuen Namen blieb das alte Problem, daß kaum jemand an das Niveau anschließen konnte, das Freud für sich erreicht hatte. Karl Abraham beschreibt seine Eindrücke von einer Sitzung (Dezember 1907): »*Er* ist den anderen gar zu weit voraus. Sadger ist wie ein Talmud-Jünger, er legt aus und beobachtet jede Regel des Meisters mit orthodox-jüdischer Strenge. Den besten Eindruck von den Ärzten macht mir Dr. Federn; Stekel ist oberflächlich, Adler einseitig, Wittels zu phrasenreich, die anderen unbedeutend.« Auch Freud hat das offenbar so gesehen. »Aus meinen Wienern wird nichts werden, den kleinen Rank ausgenommen«, schreibt er 1911 an Abraham. Deswegen setzt Freud auf die Ausländer: Eitingon und Abraham in Berlin, Jones in London, Ferenczi in Budapest. Und eine Zeitlang auf Jung in Zürich, mit dem Freud später einen erbitterten Konflikt austrägt.

R

Rattenmann: eine Zwangsneurose Der Rattenmann ist 29 Jahre alt, als er mit der Analyse beginnt – ein klarer, scharfsinniger, juristisch geschulter Kopf, wie Freud sogleich bemerkt. Er leidet unter Zwangsvorstellungen, das sind Befürchtungen, seinem Vater und einer Dame, die er verehrt, könne etwas geschehen; unter Zwangsimpulsen, z. B. sich mit einem Rasiermesser den Hals abzuschneiden; unter Verboten, die er sich erteilt. Er spricht von sich aus gleich in der ersten Stunde von früher Kindheit und infantiler Sexualität. »Es gab Personen, Mädchen, die mir sehr gefielen und die ich mir dringend *nackt zu sehen* wünschte. Ich hatte aber bei diesen Wünschen *ein unheimliches Gefühl, als müßte etwas geschehen, wenn ich das dächte, und ich müßte allerlei tun, um das zu verhindern.* (Als Probe dieser Befürchtungen gibt er auf Befragen an: ›Z. B. *mein Vater würde sterben.*‹)« (VII: 41) In dieser Schilderung aus dem sechsten oder siebten Jahr des Patienten ist schon alles angelegt, was den Charakter der Zwangsneurose ausmacht: ein zwingender Wunsch, der an eine ebenso zwingende Befürchtung geknüpft ist, es werde etwas passieren, das schrecklich ist und doch zugleich unbestimmt bleibt.

Anlaß für die Analyse ist ein Vorfall, der sich erst kürzlich zugetragen hat. Während einer Waffenübung berichtet ein Offizier von einer besonders grausamen Strafe im Orient. Zu beschreiben, worin sie besteht, kostet Freuds Patienten äußerste Mühe, so sehr muß er mit Widerständen kämpfen. Schließlich schildert er eine makabre Szene: Der Verurteilte wird festgebunden, über sein Gesäß ein Topf gestülpt, in den Ratten eingelassen werden, die sich dann in den After einbohren. Freud bemerkt an seinem Patienten einen »sehr sonderbar zusammengesetzten Gesichtsausdruck, den ich nur als *Grausen vor seiner ihm selbst unbekannten Lust* auflösen kann«. (44) Hier treten zum ersten Mal die *Ratten* auf, ein »Komplexreizwort«, das ganz unterschiedliche Zwangsvorstellungen bündelt und den Patienten zum Rattenmann macht. Unmittelbar auf die Schilderung der grausamen Prozedur überfällt den Rattenmann die Befürchtung, »*daß dies mit einer mir teuren Person geschehe*«. (44) Es stellt sich dann heraus, daß es die von ihm verehrte Dame ist, auf die sich die Befürchtung bezieht, aber auch sein Vater – was besonders bemerkenswert ist, weil sein Vater vor vielen Jahren gestorben ist. Die Befürchtung ist auch in diesem Fall von Zwangsneurose nur die andere Seite des Wunsches; aber diese Verschränkung gilt ebenso für das Verhältnis von Lust und Aggression. Die Geschichte von der Rattenstrafe löst einen Krankheits-

schub aus, weil sie auf den Kern der Neurose trifft, den
Freud in der Feindseligkeit, im Haß gegen den Vater sieht.
»In der Verdrängung des infantilen Hasses gegen den Vater erblicken wir jenen Vorgang, welcher alles weitere Geschehen in den Rahmen der Neurose zwang.« (95) Gegen
diese Deutung wehrt sich der Rattenmann und bestätigt
doch in seinen Erinnerungen die frühe Wut auf den Vater.
So berichtet er von einem Zwischenfall, den ihm seine Mutter erzählt hat. Als er drei oder vier Jahre alt war, wurde er
von seinem Vater geschlagen, weil er jemanden gebissen
hatte. In einem Wutanfall will er den Vater beschimpfen,
und weil er noch keine Schimpfwörter kennt, behilft er sich
mit den Namen von Gegenständen: Du Lampe, du Hand-
tuch, du Teller! Daß der Rattenmann sich durch seinen
Vater in seiner früh erwachten Erotik bedroht fühlt, wird
durch eine andere Assoziation greifbar. Als er zum ersten
Mal Geschlechtsverkehr hat (mit 26 Jahren), drängt sich
ihm die Vorstellung auf: »Das ist doch großartig; dafür
könnte man seinen Vater ermorden.« Diese Idee liegt ganz
auf der Linie der ersten Zwangsvorstellung, in der sich die
Schaulust mit der Befürchtung verbindet, es würde etwas
Schreckliches geschehen, »z. B. *mein Vater würde sterben*«.
(41) Daß die Befürchtung immer auch Wunsch ist, der verdrängt wird – diese Lektion hat der Rattenmann überra-
schend schnell gelernt. Nach nur einem Jahr Therapie war
das Rattendelirium aufgelöst. Freud hat die *Bemerkungen
über einen Fall von Zwangsneurose* 1909 veröffentlicht.
↑ Wolfsmann, Kleiner Hans

S

Sachvorstellung/Wortvorstellung Im Verhältnis von Sach- und Wortvorstellung hat Freud das entscheidende Kriterium gesehen, nach dem sich das Unbewußte vom Bewußten unterscheiden läßt: »Die bewußte Vorstellung umfaßt die Sachvorstellung plus der zugehörigen Wortvorstellung, die unbewußte ist die Sachvorstellung allein.« (III: 160) Die unbewußte Vorstellung ist keine Erinnerungsspur, in der die Wahrnehmung einer Sache aufbewahrt wäre. Vielmehr ist das Ganze einer Sache nach den Regeln des Primärvorgangs zerlegt und kann assoziativ verknüpft werden. So geschieht das im Traum, der aus Sachvorstellungen gebildet wird, die meistens nicht an irgendeine Sache erinnern, oder wenn, dann an mehrere zugleich. Die Sachvorstellungen tragen noch die Spuren der Sachen, von denen sie abgeleitet sind. Sie verweisen auf eine bestimmte Sache, und insofern sind sie Zeichen. Was sie aber bedeuten, ergibt sich immer nur im Kontext mit anderen Zeichen. Deswegen läßt sich die Bedeutung der Traumbilder zum Beispiel auch nicht verallgemeinern, sie muß durch die Assoziationen des Träumers erst hergestellt werden. Dagegen sind die Wortvorstellungen nach einem Vokabular, einem Code oder einer Grammatik geordnet. Weil das Bewußtsein sprachlich gegliedert ist, können die Vorstellungen an stabile Bedeutungen geknüpft werden. Gerade deswegen hat das Bewußte auch keinen Zugang zu den Sachvorstellungen des Unbewußten, denen die Verbindung zur verbalen Sprache fehlt.
↑Primärvorgang/Sekundärvorgang, *Die Traumdeutung*

Selbstanalyse Je weiter Freud seit den achtziger Jahren die Deutung eigener Träume intensivierte, desto öfter stieß er auf seine eigene Kindheit. Daß die verdrängte Sexualität der frühen Kindheit zur Quelle neurotischer Störungen

werden kann, hatte Freud schon früh angenommen, ohne
allerdings über ein allgemeines Modell sexueller Entwicklung zu verfügen. Das Kernstück dieser Entwicklung entdeckte er bei sich selbst: den Ödipuskonflikt. Veranlaßt
durch den Tod seines Vaters, hat Freud 1897 mit seiner
Selbstanalyse begonnen, deren Spuren in der *Traumdeutung* (1900) zu finden sind. »Für mich hat dieses Buch nämlich noch eine andere subjektive Bedeutung, die ich erst
nach seiner Beendigung verstehen konnte. Es erwies sich
mir als ein Stück meiner Selbstanalyse, als Reaktion auf den
Tod meines Vaters, also auf das bedeutendste Ereignis, den
einschneidendsten Verlust im Leben eines Mannes. Nachdem ich die erkannt hatte, fühlte ich mich unfähig, die Spuren dieser Einwirkung zu verwischen.« (II: 24) Freud hat
die Grenzen der Selbstanalyse durchaus gesehen. »Meine
Selbstanalyse bleibt unterbrochen. Ich habe eingesehen,
warum. Ich kann mich nur selbst analysieren mit den objektiv gewonnenen Kenntnissen (wie ein Fremder), eigentliche Selbstanalyse ist unmöglich, sonst gäbe es keine
Krankheit.« (F: 202) Freuds Selbstanalyse unterscheidet
sich von den traditionellen Formen der Selbstreflexion dadurch, daß sie das Bewußtsein überschreiten und einen Teil
der infantilen Amnesie rückgängig machen muß. Die frühe
Kindheit liegt verdeckt jenseits des normalen Bewußtseins.
Deswegen war Freud auf seine Träume angewiesen, auf die
unbewußten Vorstellungen, die in den Träumen wieder
wahrgenommen werden. Zusammen mit der Analyse der
eigenen Träume bietet Freuds Selbstanalyse ein Stück mo-
derner Bekenntnisliteratur. Noch bevor die analytische
Therapie begründet ist, folgt Freud in seiner Autobiographie schon der Grundregel, auf die er dann die Patienten
verpflichtet: nicht nur alles zu sagen, was sie wissen, sondern auch das, was sie nicht wissen. Auch Freud geht es in
seiner Autobiographie vor allem darum, das zu sagen, was
er nicht weiß, was aber an Lebenssinn in den unbewußten
Vorstellungen lagert. Prinzipiell ist die Selbstanalyse unab-
schließbar, so wie auch die Deutung der Träume und jede
Therapie unendlich ist und nur aus pragmatischen Grün-

den abgebrochen wird. Die klassische Autobiographie war immer auf die Einheit eines Lebens ausgerichtet; in Freuds Selbstanalyse erscheinen geträumte Bruchstücke, aus denen sich ein ganzes Leben nicht zusammensetzen läßt. Deswegen konnte er seine Selbstanalyse für unabgeschlossen halten.

↑ Biographische Wahrheit, Grundregel

Sexualität In der Psychoanalyse hat alles mit Sexualität zu tun: Das ist die populäre Meinung. Mit der populären Meinung zur Sexualität hat aber die Psychoanalyse nichts zu tun: Das macht die Schwierigkeit aus, über Psychoanalyse und Sexualität zu sprechen.

»Die populäre Meinung macht sich ganz bestimmte Vorstellungen von der Natur und den Eigenschaften dieses Geschlechtstriebes. Er soll der Kindheit fehlen, sich um die Zeit und im Zusammenhang mit dem Reifungsvorgang der Pubertät einstellen, sich in den Erscheinungen unwiderstehlicher Anziehung äußern, die das eine Geschlecht auf das andere ausübt, und sein Ziel soll die geschlechtliche Vereinigung sein oder wenigstens solche Handlungen, welche auf dem Wege zu dieser liegen.« (V: 47)

Freud hält die populäre Meinung für biologisch fixiert, weil sie den Sexualtrieb als Instinkt behandelt, der auf die Fortpflanzungsfunktion gerichtet ist. An der Theorie der Sexualität wird besonders greifbar, daß es der Psychoanalyse nicht um die Natur geht, sondern um die Natur des Menschen. Weil die Triebziele nicht eindeutig bestimmt sind, läßt sich aus der Natur des Sexualtriebs kein angemessenes Verständnis menschlicher Sexualität gewinnen. Für die Psychoanalyse kommt aber alles darauf an zu zeigen, daß weder Objekt noch Ziel eindeutig biologisch determiniert sind und daß sexuell nicht auf genital reduzierbar ist. »Was man außerhalb der Psychoanalyse Sexualität heißt, bezieht sich nur auf ein eingeschränktes, im Dienste der Fortpflanzung stehendes und normal genanntes Sexualleben.« (I: 315) Freud koppelt Sexualität vom Kern der Fortpflanzungsfunktion ab, so daß die Perversionen und die frühe

Kindheit in den Blick kommen. Geleitet ist diese rasante
Verschiebung im Begriff der Sexualität aber vom Interesse,
die sexuellen Ursachen der Neurose aufzuklären. »Wenn
wir diese krankhaften Gestaltungen der Sexualität nicht
verstehen und sie nicht mit dem normalen Sexualleben zu-
sammenbringen können, so verstehen wir eben auch die
normale Sexualität nicht.« (I: 303)
Die Perversionen, die am Ende des 19. Jahrhunderts wissenschaftlich bereits gut dokumentiert sind, überzeugen
Freud davon, daß Sexualität weiter gefaßt werden muß,
als es der populären Meinung entspricht. Daß die Formen
sexueller Befriedigung vielfältig und bunt sind, demonstrieren die Perversen, »die sich zum Ziele der sexuellen
Wünsche gesetzt haben, was normalerweise nur einlei-
tende Handlung ist«. (I: 302) Wie bizarr die Perversionen
auch sind, für alle gilt, daß sie sexuell motiviert, aber nicht
an der Fortpflanzung orientiert sind, sondern ausschließlich am Lustgewinn. Gerade deswegen werden sie »pervers« genannt: »Was allein dem Lustgewinn dient, wird
mit dem nicht ehrenvollen Namen des *Perversen* belegt
und als solches geächtet.« Unter dieser Perspektive wird
in der frühen Kindheit eine Form der Sexualität sichtbar,
die im psychoanalytischen Sinn pervers erscheint, weil sie
ohne Bezug auf die Fortpflanzung ist. Freud sieht die
infantile Sexualität zunächst angelehnt an die vitalen
Körperbedürfnisse wie den Hunger. Die Befriedigung der
organischen Bedürfnisse liefert ein Muster, nach dem
Befriedigung überhaupt hergestellt werden kann, nämlich durch Lustgewinn, der unabhängig von der Befriedigung körperlicher Bedürfnisse erzielt wird. Wenn der
Säugling satt ist, wiederholt er die Befriedigung mit anderen Mitteln: Er beginnt zu lutschen. »Wir erfahren also,
daß der Säugling Handlungen ausführt, die keine andere
Absicht als die des Lustgewinns haben. Wir glauben, daß
er diese Lust zuerst bei der Nahrungsaufnahme erlebt,
aber bald gelernt hat, sie von dieser Bedingung abzutrennen. Wir können den Lustgewinn nur auf die Erregung
der Mund- und Lippenzone beziehen, heißen diese Kör-

perteile erogene Zonen und bezeichnen die durch Lutschen erzielte Lust als eine *sexuelle*.« (I: 310) Der Trieb ist
hier nicht auf ein Ziel zentriert, sondern in Partialtriebe
zerstreut, die unabhängig voneinander agieren, im Laufe
der Entwicklung aber auf unterschiedliche Triebziele fixiert werden. Daraus ergeben sich dann die drei Stufen
frühkindlicher Sexualität: oral, anal und phallisch. Insgesamt machen diese Eigenschaften das aus, was Freud den
polymorph perversen Charakter frühkindlicher Sexualität
nennt. Es liegt auf der Hand, daß damit der Mythos von
der sexuellen Unschuld des Kindes außer Kraft gesetzt
war.

Der psychoanalytische Kommentar zum Sinn des Perversen legt eine überraschende Konsequenz nahe. Weil der
Kern des Sexuellen nicht in der Fortpflanzungsfunktion
liegt, sondern im Lustgewinn, ist Sexualität wesentlich pervers. Die Ausrichtung der Sexualität an der Fortpflanzung
ist Ergebnis einer langen und komplexen individuellen Geschichte. Aber auch unter dem Primat des Genitalen bleibt
Sexualität ablenkbar auf Ziele, die nichts anderes als Lustgewinn versprechen und deswegen im strengen Sinn pervers sind.

↑*Drei Abhandlungen zur Sexualtheorie*, maskulin/feminin

Sigismund Schlomo So lauten die Namen, die für Freud
in der Familienbibel eingetragen sind. Schlomo, den Namen seines Großvaters, hat Freud nie benutzt, aus Sigismund hat er in seiner Studienzeit Sigmund gemacht. Den
jüdischen Namen seines Großvaters hat Freud nicht getragen, trotzdem hat er sich zum Judentum immer bekannt.
Seine Eltern waren Juden, und Freud ist es offenbar nicht
in den Sinn gekommen, zum Christentum überzutreten:
»Auch ich bin Jude geblieben.« Der Alltag der Familie
Freud war kaum religiös geprägt, aber die Bibellektüre seines Vaters weckte sehr früh Freuds Interesse am Alten Te-
stament. Am Ende seines Lebens hat Freud in einer großar-
tigen, aber auch problematischen Arbeit sein Verhältnis zur
jüdischen Tradition noch einmal zu klären versucht: *Der*

Mann Moses und die monotheistische Religion ist in Freuds Todesjahr 1939 erschienen.
↑Jacob Freud, Antisemitismus

Sozialer Tod Entscheidend für die Begründung der Psychoanalyse war Freuds Selbstanalyse, die seit Mitte der neunziger Jahre seine Arbeit an der *Traumdeutung* begleitet und eigentlich ermöglicht hat. Es ist die frühe Kindheit, die in Freuds Träumen greifbar wird: die Allmachts- und Größenphantasien, vor allem aber, daß es eine infantile Sexualität gibt. Auf die Gründungsjahre der Psychoanalyse trifft zu, was die Ethnologie sozialen Tod nennt und als einen Prozeß versteht, »in welchem die sozialen und kulturspezifischen Rollen zerfallen, die unbewußten Werte und Identitätsstützen ins Wanken kommen und damit auch die diesen Verhältnissen angepaßten Wahrnehmungen«. Noch am Ende der Schulzeit macht Freud erste Erfahrungen mit dem Antisemitismus und beschließt, der »Volksgemeinschaft« fernzubleiben; 1882 verzichtet er auf die geplante Karriere als Wissenschaftler, weil er an der Universität keine Möglichkeiten für sich sieht; in der Wiener Wissenschaftsszene ist er durch seine Sexualtheorie weitgehend isoliert; seine Ernennung zum (außerordentlichen) Professor läßt ungewöhnlich lange auf sich warten, und zwar aus antisemitischen Gründen, wie Freud zutreffend vermutet. Und Freud selbst mußte auf Konventionen verzichten, um sich Zugang zum eigenen Unbewußten zu verschaffen: zu der Einsicht, daß ein Teil der Person von keiner Konvention erreicht wird und fremd bleibt. Die eigenen sozialen und kulturellen Rollen in Frage zu stellen gehört zu den Bedingungen psychoanalytischer Arbeit. In der Lehranalyse muß der soziale Tod geprobt werden.
↑Selbstanalyse, Karrierepläne

Sprache *Talking cure* hat Anna O. das Verfahren genannt, mit dem Josef Breuer ihre Hysterie behandelte, und sie hat damit genau getroffen, was für die spätere Psychoanalyse charakteristisch ist. Breuer hat die Sprache in der Hypnose eingesetzt, um die abgespaltenen Vorstellungen wieder an den Energiehaushalt der Seele anzuschließen. Aber erst, als Freud die Hypnose in der Behandlung aufgab, wurde die analytische Therapie wirklich zur Redekur. Arzt und Patient verfügen über kein anderes Medium. Die Grundregel verpflichtet den Patienten dazu, alles zu sagen, und sie schließt zugleich alle anderen Möglichkeiten zu handeln oder zu agieren aus. Freud setzt aber nicht nur die Symptome seiner Patienten in Sprache um, auch die Träume konnte er nur deuten, weil er die Traumbilder wie die Zeichen einer Sprache las. Eine Theorie der Sprache hat Freud nicht konzipiert. Für die Deutung der Träume genügte es anzunehmen, sie würden im Unbewußten bereitliegen: »Alles leitete zu dem Schluß, daß man keine besondere symbolisierende Tätigkeit der Seele bei der Traumarbeit anzunehmen braucht.« (II: 344) Deswegen bleibt der linguistische Status der Traumzeichen ungeklärt. In den Traumbildern hat Freud eine eigenartige Klasse von Zeichen entdeckt. Sie gehören nicht der verbalen Sprache an und lassen sich dennoch mit deren Zeichen verknüpfen. Traumzeichen hat Freud Sachvorstellungen genannt und von den Wortvorstellungen der verbalen Sprache unterschieden. Die Sachvorstellungen unterliegen der unbewußten Bearbeitung. Sie sind nicht an stabile Besetzungen gebunden und stehen deswegen für assoziative Verknüpfungen zur Verfügung. Daß die Sachvorstellungen selbst wie eine Sprache verstanden werden können, hat Freud vorausgesetzt – exemplarisch in der *Traumdeutung*. Sicherzustellen, daß hier mit Sprache nicht nur eine Metapher gemeint ist, sondern ein linguistisch umsetzbarer Sinn, gehört zu den Aufgaben der Psychoanalyse nach Freud.

↑Sachvorstellung/Wortvorstellung, Neuronensprache

Sublimierung Dieses Stichwort gehört zu denen im Vokabular Freuds, die über eine außerordentliche Reichweite verfügen. Im strengen Sinn meint Sublimierung die Ablenkung des Sexualtriebs auf andere Ziele. Diese Mög-

lichkeit der Umwandlung ergibt sich aus der nicht eindeutig festgelegten Beziehung zwischen Trieb und Ziel,
wie das nach Freud für die Sexualität charakteristisch ist.
So heißt es vom Sexualtrieb: »Er stellt der Kulturarbeit
außerordentlich große Kraftmengen zur Verfügung, und
dies zwar infolge der bei ihm besonders ausgeprägten
Eigentümlichkeit, sein Ziel verschieben zu können, ohne
wesentlich an Intensität abzunehmen. Man nennt diese
Fähigkeit, das ursprünglich sexuelle Ziel gegen ein anderes, nicht mehr sexuelles, aber psychisch mit ihm ver-
wandtes, zu vertauschen, die Fähigkeit zur *Sublimierung.*«
(IX: 15) Von Sublimierung kann aber erst dann die Rede
sein, wenn die neuen Objekte von kulturellem oder so-
zialem Wert sind. »Eine gewisse Art von Modifikation des
Ziels und Wechsels des Objekts, bei der unsere soziale
Wertung in Betracht kommt, zeichnen wir als *Sublimierung* aus.« (I: 530) Die Rückbindung der abgelenkten Sexualität an kulturelle Werte sichert dem Sublimierungs-
begriff allgemeines Interesse, er sorgt aber auch für eine
gewisse Unschärfe, weil nicht leicht zu sehen ist, wie erotische Qualität, kulturelle und soziale Bedeutsamkeit den
Wert einer Tätigkeit ausmachen sollen. Freud hat vor allem künstlerische und intellektuelle Arbeit als Sublimie-
rungen beschrieben; im psychoanalytischen Sinn wäre
aber Kultur ohne die Fähigkeit zur Sublimierung nicht
denkbar.
↑Libido, Kultur

Symptome 1885/86 studierte Freud bei dem Neuropathologen Jean-Marie Charcot in Paris. Damals, so heißt es
später in der *Selbstdarstellung*, war es in Wien üblich, eine
Neurose als Gehirntumor zu diagnostizieren. Charcot klas-
sifizierte die Hysterie jedoch als Nervenleiden, das ohne somatische Ursache ist und mit Hypnose behandelt werden
kann. Freud hat gesehen, daß damit die neurologische
Grundlage der traditionellen Psychiatrie überschritten war
und Krankheitsformen in den Blick kamen, die nicht mehr
neurologisch, sondern psychologisch zu verstehen waren.

Darin liegt die Voraussetzung für die Neuformulierung einer klinischen Theorie: Die Symptome werden nicht mehr ausschließlich auf eine somatische Ursache zurückgeführt, sondern als Zeichen ausgelegt, die auf einen Sinn verweisen. »Die neurotischen Symptome haben also ihren Sinn wie die Fehlleistungen, wie die Träume und so wie diese ihren Zusammenhang mit dem Leben der Personen, die sie zeigen.« (I: 258 f.) Hier wird zum ersten Mal das private Leben der Patienten zum Material der Diagnose. Die Patienten selbst müssen eine aktive Rolle in der Therapie übernehmen, davon hängen Wirkung und Erfolg der Therapie ab.

Wie die Fehlleistungen oder die Träume verweisen die neurotischen Symptome auf einen psychischen Konflikt, dessen Sinn im Unbewußten liegt, der aber im Bewußten durch einen Kompromiß vertreten wird: Das Symptom drückt den Konflikt aus, indem es ihn verdeckt. »Jedesmal, wenn wir auf ein Symptom stoßen, dürfen wir schließen, es bestehen bei dem Kranken bestimmte unbewußte Vorgänge, die eben den Sinn des Symptoms enthalten. Aber es ist auch erforderlich, daß dieser Sinn unbewußt sei, damit das Symptom zustande komme. Aus bewußten Vorgängen werden Symptome nicht gebildet; sowie die betreffenden unbewußten bewußt geworden sind, muß das Symptom verschwinden.« (I: 278) Freud faßt die Symptome wie Zeichen auf. Sie verweisen auf einen Sinn, der sich nicht über einen allgemeinen Code erschließen läßt, weil er nach den Mechanismen des Unbewußten zustande gekommen ist: durch Verschiebung von Stimmungen, Akzenten, affektiver Tönung auf bestimmte Vorstellungen und durch Verdichtung von Vorstellungen, die sich aus der Überblendung mehrerer Vorstellungen ergibt. Die Analyse muß die unbewußten Kontexte rekonstruieren, d. h. bewußtmachen. Die Symptome beziehen ihre Wirksamkeit aus dem unbewußten Sinn; deswegen verschwinden sie, wenn dieser Sinn bewußt wird.

↑Neurosenlehre, Psychoanalyse

T

Topik: die Seele als Ort   Mit dem *Entwurf einer Psychologie*
beginnt Freud Modelle psychischer Lokalitäten zu kon-
zipieren, eine Topik der Seele. Im Unterschied zu den phy-
siologischen oder anatomischen Modellen in den Wissenschaften des 19. Jahrhunderts geht es nicht mehr darum,
psychische Funktionen im Gehirn zu lokalisieren – Freud
will ausdrücklich keine Gehirnanatomie betreiben. In seinen Modellen ist die Räumlichkeit der Seele als bildliche
Darstellung psychischer Funktionen gemeint, als Metapher, die den Abstand zur naturwissenschaftlichen Theoriebildung anschaulich macht. Abstand auf der einen Seite,
zugleich aber auch Anschluß an ein neurologisches Vokabular, das die Beschreibung des psychischen Apparats trägt,
zum Beispiel: psychische Energie, Reizbewältigung, Ab-
fuhrbahn, Erregungssumme.
In der Topik der Seele ist Räumlichkeit aber mehr als nur
Darstellungsraum. Wenn es unterschiedliche Orte in der
Seele gibt, wie Freud annimmt, dann müssen sich die
Unterschiede auch funktionell beschreiben lassen. Zum
Beispiel zwischen einem Ort, der Reize wahrnimmt, und
einem Ort, der Wahrnehmungsspuren aufbewahrt: Bewußtsein und Gedächtnis stehen dann für unterschiedliche Funktionen, die sich wechselseitig ausschließen und
deswegen als unterschiedliche Orte dargestellt werden
müssen.
Die erste Topik findet sich im VII. Kapitel der *Traumdeutung* (1900) und enthält drei Orte oder Systeme, wie
Freud sagt: unbewußt – vorbewußt – bewußt. Diese Einteilung demonstriert vor allem, daß sich das psychische
Leben nicht auf das Bewußtsein reduzieren läßt, daß aber
alle Elemente des Psychischen als bewußt oder unbewußt
ausgezeichnet sind. So rechnet Freud das Ich dem Bewußten und Vorbewußten zu, das Verdrängte dem Unbe-

wußten. Der Austausch zwischen Orten ist nicht frei, sondern durch Zensur und Abwehr eingeschränkt, deren Funktion vor allem darin besteht, die unbewußten Wünsche vom Bewußtsein fernzuhalten. Allerdings lassen sich Zensur und Abwehr in diesem Modell nicht abbilden. Es ist aber vor allem die Einsicht, daß auch das Ich zu einem Teil unbewußt ist, die Freud zu einer Revision der ersten Topik veranlaßt. »Wir haben im Ich selbst etwas gefunden, was auch unbewußt ist, sich gerade so benimmt wie das Verdrängte, das heißt starke Wirkungen äußert, ohne selbst bewußt zu werden, und zu dessen Bewußtmachung es einer besonderen Arbeit bedarf.« (III: 287) Deswegen wird das Ich in der zweiten Topik, die Freud 1923 in *Das Ich und das Es* entwirft, selbst zur Instanz. Freud legt das Ich an die Oberfläche des psychischen Raums mit Zugang zum Bewußtsein und zur Wahrnehmung. Das Ich hat seinen Kern im Bewußtsein, es umfaßt das Vorbewußte, und es ist zugleich unbewußt. Das Unbewußte, in das sich das Ich fortsetzt, nennt Freud das *Es*, die dritte Instanz das *Über-Ich*. Die zweite Topik ist wie ein Personenmodell aus drei Instanzen konzipiert. Das Ich ist im Bewußtsein verankert, es vertritt die Gesamtpersönlichkeit, ist an der Außenwelt orientiert und dem Realitätsprinzip verpflichtet; das Es ist der Triebpol der Persönlichkeit, ausgestattet mit dem Hauptreservoir an psychischer Energie, seine Inhalte sind unbewußt; das Über-Ich verkörpert Normen und zugleich das Verbot, sie zu übertreten.

Freud hat das Ich in der zweiten Topik zur Instanz gemacht und zugleich demonstriert, daß es nicht Zentrum des seelischen Lebens ist. Eher erscheint es wie ein »armes Ding, welches unter dreierlei Dienstbarkeiten steht und demzufolge unter den Drohungen von dreierlei Gefahren leidet, von der Außenwelt her, von der Libido des Es und von der Strenge des Über-Ich [...] Das Ich ist ja die eigentliche Angststätte.« (III: 322 f.)

Mit der zweiten Topik ist die erste nicht außer Kraft gesetzt. Aber aus den alten Instanzen sind jetzt Qualitäten geworden: Bewußt, vorbewußt, unbewußt dienen zur Kennzeichnung der neuen Instanzen und überhaupt zur Beschreibung psychischer Aktionen. Im *Abriß der Psychoanalyse* (IV. Kapitel) läßt sich verfolgen, wie Freud die Darstellung der psychischen Struktur und die Beschreibung der psychischen Funktionen unter einer topologischen Perspektive zu verbinden versucht.

↑*Das Ich und das Es*, Psychischer Apparat

Totem und Tabu (1913) Vom Anspruch, daß die Psychoanalyse mehr sein soll als ein Fachgebiet der Medizin, ist auch *Totem und Tabu* getragen. Aus Anthropologie, Biologie, Ethnographie, Religionsgeschichte stammen die Materialien, die Freud verarbeitet. Die Psychoanalyse bietet den Interpretationsrahmen für kulturanthropologische Thesen, deren Spannweite der Untertitel benennt: *Einige Übereinstimmungen im Seelenleben der Wilden und der Neurotiker*. In den ersten drei der vier Essays, aus denen *Totem und Tabu* besteht, sind Inzestscheu, Tabu, Ambivalenz und Animismus die Leitthemen, an denen Freud solche Übereinstimmungen diskutiert. Aber erst der vierte Essay stellt sich auf eine Geschichte der Menschheit ein, fragt nach dem Ursprung von Kultur und Gesellschaft und nach der Verbindlichkeit der Vorgeschichte für das Seelenleben. Im allgemeinen verstehen wir unter Totem, daß ein Tier (seltener eine Pflanze oder eine Naturerscheinung) mit einem symbolischen Wert ausgestattet ist, der die Mitglieder einer Gruppe verbindet, die sich als blutsverwandt betrachten. Das Totem gilt als Ahne oder als Gott, es steht aber auch für das Verbot sexueller Beziehungen innerhalb der Totemgruppe, insofern signalisiert es ein Tabu. Freud greift auf die zeitgenössischen Theorien zum Ursprung des Totemismus zurück, um sie einer ganz anderen Interpretation auszusetzen: »Wir halten uns nach diesen Beobachtungen für berechtigt, in die Formel des Totemismus – für den Mann – den Vater an die Stelle des Totemtieres zu setzen.« (IX: 416) Diese Umformulierung macht dann den Weg frei, um das Verhältnis von Totem und Tabu als ödipale Situation zu verstehen. »Das erste Ergebnis unserer Ersetzung ist sehr merkwürdig. Wenn das Totemtier der Vater ist, dann fallen die beiden Hauptgebote des Totemismus, die beiden Tabu-vorschriften, die seinen Kern ausmachen, den Totem nicht zu töten und kein Weib, das dem Totem angehört, sexuell zu gebrauchen, inhaltlich zusammen mit den beiden Verbrechen des Ödipus, der seinen Vater tötete und seine Mutter zum Weibe nahm, und mit den beiden Urwünschen des Kindes, deren ungenügende Verdrängung oder deren Wiedererweckung den Kern vielleicht aller Psychoneurosen bildet.« (IX: 416f.) Für seine Uminterpretation hält Freud sich vor allem an zwei Thesen: Charles Darwin nimmt an, daß der Mensch ursprünglich in kleinen Horden gelebt hat, die beherrscht wurden von einem Führer, der auch das sexuelle Vorrecht über die Frauen hatte; Robertson Smith vermutet den Kern des Totemismus im rituellen Opfer, bei dem das Totemtier gegessen wird. Aus Darwins These ergibt sich für Freud, daß der eifersüchtige Chef einer Horde seine Söhne vertreibt, um sie als Konkurrenten auszuschalten, und daß die Söhne eines Tages gegen den Vater rebellieren. »Eines Tages taten sich die ausgetriebenen Brüder zusammen, erschlugen und verzehrten den Vater und machten so der Vaterhorde ein Ende.« (IX: 426) Das Opfermahl – »vielleicht das erste Fest der Menschheit« – deutet Freud zum kannibalischen Totenmahl um, bei dem die Söhne sich mit dem ermordeten Vater identifizieren und sich ein Stück seiner Stärke einverleiben. So gesehen beginnt die Geschichte der Menschheit mit einem Verbrechen. Für Freud begründet dieses Verbrechen die Ambivalenzen und das Schuldbewußtsein, von dem er das psychische Leben geprägt sieht, und eben nicht nur das neurotisch gestörte. Ihr Schuldbewußtsein treibt die Söhne dazu, ihre Tat nachträglich zu widerrufen, indem sie den Vater durch ein Totem ersetzen und sich verpflichten, das Totemtier nicht zu töten. Zudem halten sie das Verbot des toten Vaters ein, mit den Frauen seiner Horde sexuelle Beziehungen einzugehen. Darin sieht Freud die Bedingungen der ödipalen Situation für den Sohn erfüllt: gegen den Vater aggressiv, gegen die Mutter libidinös eingestellt zu sein. »Der Tote wurde nun stärker, als der Lebende gewesen war; all dies, wie wir es heute noch an Menschenschicksalen sehen. Was er früher durch seine Existenz verhindert hatte, das verboten sie sich jetzt selbst in der psychischen Situation des uns aus der Psychoanalyse so wohlbekannten ›*nachträglichen Gehorsams*‹ [...] So schufen sie aus dem *Schuldbewußtsein des Sohnes* die beiden fundamentalen Tabus des Totemismus, die eben darum mit den beiden verdrängten Wünschen des Ödipuskomplexes übereinstimmen mußten.« (IX: 427)

Von der nachhaltigen Wirkung dieses Vatermords ist Freud überzeugt, um so mehr, als er darin ein historisches Ereignis sieht. »Am Anfang war die Tat«, mit diesem *Faust*-Zitat endet *Totem und Tabu*, aber Freud bestätigt darin nur, was er vorausgesetzt hat: »Ein Vorgang wie die Beseitigung des Urvaters durch die Brüderschar mußte unvertilgbare Spuren in der Geschichte der Menschheit hinterlassen.« Freud sieht, daß diese Annahme von Voraussetzungen abhängig ist, und er nennt zwei: »daß wir überall die Annahme einer Massenpsyche zugrunde legen, in welcher sich die seelischen Vorgänge vollziehen wie im Seelenleben des einzelnen«; zum anderen lassen wir »das Schuldbewußtsein wegen einer Tat über viele Jahrtausende fortleben und in Generationen wirksam bleiben, welche von dieser Tat nichts wissen können«. (IX: 440) Auf die Frage nach der Kontinuität dieses prähistorischen Ereignisses gibt es für Freud keine einfache Antwort. Das Interesse der Söhne liegt vor allem darin, ihre Tat nachträglich zu widerrufen, und die sozialen Formen, die aus der Tat hervorgehen, leisten genau das: die Verdrängung der Schuld. Auf welche Weise dann aber die verdrängte Tat psychisch wirksam bleibt, ist nicht leicht zu sehen. Mit aller Vorsicht, aber doch bestimmt, beruft sich Freud darauf, daß die Tat auch im genetischen Bestand der Menschheit Spuren hinterlassen hat und jedesmal aufs neue psychisch bewältigt werden muß. »Ein Teil der Aufgabe scheint durch die Vererbung psychischer Dispositionen besorgt zu werden, welche aber doch gewisser

Anstöße im individuellen Leben bedürfen, um zur Wirksamkeit zu erwachen.« (IX: 441)

Dieser Lamarckismus, der in der Annahme liegt, die psychische Prägung durch Umwelteinflüsse sei vererbbar, hat Freud heftige Ablehnung eingebracht. Dabei sind seine Motive durchaus nachvollziehbar. Weil das psychische Leben sich nicht selbst repräsentiert, sondern Ausdruck von Realität ist, und vor allem der körperlichen, geht es Freud immer darum, Realitätsbezüge herzustellen. Noch in den absurdesten Vorstellungen fahndet die Psychoanalyse nach Realitätsresten. Kein Traum wäre zu deuten, ohne daß sich ein Anlaß finden würde, ein Tagesrest, eine Wahrnehmung: ein Sinn, der nach Ausdruck drängt. Für das Individuum lassen sich solche Kontexte im Rückgriff auf das eigene Leben deuten, für die anthropologische Perspektive in *Totem und Tabu* müssen sie rekonstruiert werden. Hier zeigt sich dann, daß Freud vom Ich, von der individuellen Seele ausgeht, wenn er von historischen oder kollektiven Formen der Psyche spricht. Die Verbindung von Ich- und Massenpsychologie stellt der Ödipuskomplex her. Im ethnologischen Material zur Vorgeschichte entdeckt Freud eine andere Version der Ödipussage, die aber dieselbe Botschaft enthält: daß die Kultur mit dem Mord beginnt und durch diese Tat bestimmt bleibt. Zum einen soll sie Mord mit einem Tabu belegen, zum anderen aber soll sie das Verbrechen widerrufen, aus dem sie hervorgegangen ist. Weil aber der Mord schon geschehen und die Kultur etabliert ist, müssen die Menschen der Spätkultur das Verbrechen nicht begehen, wohl aber symbolisch wiederholen, um in die Kultur eingeführt zu werden. »Jedem menschlichen Neuankömmling ist die Aufgabe gestellt, den Ödipuskomplex zu bewältigen; wer es nicht zustande bringt, ist der Neurose verfallen.« (V: 129)

↑Kultur, Urmensch

Traum von der botanischen Monographie: Verdichtung/ Verschiebung »Ich habe eine *Monographie* über eine gewisse Pflanze geschrieben. Das Buch liegt vor mir, ich

blättere eben eine eingeschlagene farbige Tafel um. Jedem
Exemplar ist ein getrocknetes Spezimen der Pflanze beige-
bunden, ähnlich wie aus einem Herbarium.« (II: 183)
Für die Analyse dieser wenigen Zeilen braucht Freud mehrere Seiten. »Das erste, was dem Untersucher bei der Vergleichung von Trauminhalt und Traumgedanken klar wird,
ist, daß hier eine großartige *Verdichtungsarbeit* geleistet
wurde. Der Traum ist knapp, armselig, lakonisch im Vergleich zu dem Umfang und zur Reichhaltigkeit der Traumgedanken.« (II: 282) Die Analyse muß die Verdichtungen
auflösen. Zum Beispiel:
Monographie: Freud hatte am Traumtag in einem Schaufenster eine Monographie über die Gattung *Zyklamen* gesehen. Zyklamen sind die Lieblingsblumen seiner Frau. Die
botanische Monographie verweist auf eine Arbeit über *Kokain*, die Freud geschrieben hat. Kokain ist verbunden mit
dem Augenarzt Dr. K., der an der klinischen Verwertung
von Kokain beteiligt war und mit dem Freud abends zuvor
ein angeregtes Gespräch geführt hat. In *botanisch* stecken
Assoziationen an eine Patientin, die Flora heißt, und an
Prof. *Gärtner*, den Freud am Traumtag gesehen hatte und
der wiederum an Kokain erinnert, weil er eine Festschrift
herausgibt, in der es auch um die Entdeckung von Kokain
geht; *botanisch* verweist auf ein Erlebnis aus der Schulzeit,
und es ist mit Lieblingsblumen, mit vergessenen Blumen
und schließlich mit Liebhabereien verbunden. So erweisen
sich *Monographie* und *botanisch* als Knotenpunkte vielfach
verdichteter Zeichen.
Monographie konnte aber nur deswegen ins Bewußtsein gelangen, weil sich auf dieses Bild affektive Energie übertragen hatte: durch Verschiebung. Für sich genommen ist die
Monographie, die Freud im Schaufenster sah, psychisch
bedeutungslos. Intensität und emotionelle Tönung kommt
ihr von einem anderen Erlebnis zu. Traumanlaß ist das Gespräch mit Dr. K. am Abend, das aber selbst nicht im Traum
erscheint. »Wir konnten bemerken, daß die Elemente,
welche im Trauminhalt sich als wesentliche Bestandteile
hervordrängen, in den Traumgedanken keineswegs die

gleiche Rolle spielen. Als Korrelat dazu kann man auch die Umkehrung dieses Satzes aussprechen. Was in den Traumgedanken offenbar der wesentliche Inhalt ist, braucht im Traum gar nicht vertreten zu sein. Der Traum ist gleichsam anders zentriert, sein Inhalt um andere Elemente als Mittelpunkt geordnet als die Traumgedanken.« (II: 305) Durch die Verschiebung hat sich der psychische Akzent verlagert und eine Wahrnehmung mit affektiver Intensität ausgestattet, die sie sonst niemals auf sich gezogen hätte. Deutlich wird aber auch, daß Verdichtung und Verschiebung Hand in Hand arbeiten: Die Übertragung psychischer Energie ist über die Assoziationsketten verlaufen und hat die Kompression der Traumbilder erst ermöglicht. Die *botanische Monographie* verknüpft zwei Ereignisse des Tages: einen indifferenten Eindruck mit einem bedeutsamen Erlebnis. Traumerreger ist das Gespräch mit Dr. K., in dem ganz unterschiedliche Themen vorkommen: Liebhabereien Freuds und die seiner Frau, Kokain, Bezahlung ärztlicher Behandlung unter Kollegen, Vernachlässigung der Botanik im Studium, Freuds Vorliebe für Monographien. Freud beläßt es bei diesen wenigen Andeutungen, ausdrücklich will er die Deutung nicht weiter verfolgen. Der Traum verrät aber, daß es in dem Gespräch mit Dr. K. auch um Freuds Selbstverständnis als Psychoanalytiker gegangen ist, genauer aber um den Vorwurf, er betreibe seinen Beruf so einseitig wie eine Liebhaberei, weil er alle Krankheiten auf psychische und vor allem sexuelle Ursachen zurückführe. An diesen Zweifeln und Selbstzweifeln setzt der Traum an und formuliert eine Antwort, die Freud als Wunsch gedeutet hat: »Ich bin doch der Mann, der die wertvolle und erfolgreiche Abhandlung (über das Kokain) geschrieben hat, ähnlich wie ich damals zu meiner Rechtfertigung vorbrachte: Ich bin doch ein tüchtiger und fleißiger Student; in beiden Fällen also: ich darf mir das erlauben.« (II: 186) Freud hat die Deutung seines Traums nicht vollständig veröffentlicht. Aber aus dem, was er uns zu lesen gibt, wird deutlich, wie eng Sprechen und Träumen aufeinander bezogen sind. Der Traum erscheint als Fortsetzung des

Gesprächs. Aber die Deutung des Traums offenbart, daß
sich auch im Gespräch schon ein anderer Sinn bemerkbar
gemacht hat, der im Traum manifest geworden ist. Daß
die Sprachen des Bewußten und des Unbewußten zwar
durch die Systeme getrennt sind, aber doch gleichzeitig
verlaufen, das demonstrieren die Kollisionen zwischen
beiden Sprachen im Witz, in den Fehlleistungen, in den
Symptomen und natürlich im Traum. Deswegen ist es
auch nicht verwunderlich, daß sich in der Sprache Äqui-
valente für die Mechanismen des Unbewußten finden lassen. So läßt sich Verdichtung als Ähnlichkeitsbeziehung
zwischen zwei Gegenständen oder Begriffen wie eine Metapher verstehen (z. B. Star als Übertragung vom Himmel
auf die Bühne); Verschiebung als metonymische Ersetzung eines Ausdrucks durch eine Bezeichnung, die in
kausaler, räumlicher oder zeitlicher Nachbarschaft steht
(z. B. Freud lesen).
↑ *Die Traumdeutung*, Verdichtung, Verschiebung

Trieb Ein körperlicher Reiz als Quelle für einen Span-
nungszustand und die Beseitigung der Spannung als Ziel:
Das wäre die elementarste Beschreibung eines Triebes.
Daran schließt sich eine Reihe von Fragen an, zum Beispiel:
Läßt sich der Trieb als körperliche oder als seelische Kraft
verstehen? Freuds Antwort auf diese Frage charakterisiert
die Psychoanalyse insgesamt: Der Trieb ist »einer der Begriffe der Abgrenzung des Seelischen vom Körperlichen«.
»Wenden wir uns nun von der biologischen Seite her der
Betrachtung des Seelenlebens zu, so erscheint uns der
›Trieb‹ als ein Grenzbegriff zwischen Seelischem und Somatischem, als psychischer Repräsentant der aus dem Körperinnern stammenden, in die Seele gelangenden Reize,
als ein Maß der Arbeitsanforderung, die dem Seelischen
infolge seines Zusammenhanges mit dem Körperlichen
auferlegt ist.« (III: 85) Quelle und Ziel eines Triebes stehen
in keinem bloß quantitativen oder kausalen Verhältnis zu-
einander. Wie Triebspannung aufgehoben werden kann,
geht aus der Triebquelle selbst nicht eindeutig hervor, des-

wegen muß das Triebziel psychisch bestimmt werden, und deswegen haben die Triebe ein Schicksal. »Unter einem ›Trieb‹ können wir zunächst nichts anderes verstehen als die psychische Repräsentanz einer kontinuierlich fließenden, innersomatischen Reizquelle […].« (III: 76) Von Anfang an versucht Freud, sich die Triebstruktur an der infantilen Sexualität verständlich zu machen, und gerade dort zeigt sich, daß die Sexualtriebe kein eindeutiges Ziel haben, sondern zunächst uneinheitlich (polymorph) erscheinen. In der Perversion erwachsener Sexualität ebenso wie in den neurotischen Störungen erscheinen dann die vielen Umwege zur Triebbefriedigung.

Was von den Trieben bewußt werden kann, das ist ihr psychischer Ausdruck, ihre Repräsentanz. »Ein Trieb kann nie Objekt des Bewußtseins werden, nur die Vorstellung, die ihn repräsentiert. Er kann aber auch im Unbewußten nicht anders als durch die Vorstellung repräsentiert sein. Würde der Trieb sich nicht an eine Vorstellung heften oder nicht als ein Affektzustand zum Vorschein kommen, so könnten wir nichts von ihm wissen.« (III: 137)

Freud ist weit entfernt davon, den Triebbegriff psychologisch aufzulösen – gerade das meint Repräsentanz nicht. Die Triebe bleiben unaufhebbar an den Körper gebunden: Sexualität und Selbsterhaltung, Hunger und Liebe zum Beispiel. Diese Tendenz zur Naturalisierung des Menschen zeichnet die Psychoanalyse überhaupt aus. Sie trifft am Ende aber nicht auf die Natur, sondern auf die Natur des Menschen, die Freud durch zwei Eigenschaften charakterisiert sieht: durch die Möglichkeit zur Kultur und die Neigung zur Neurose. Beide Eigenschaften stehen dafür, daß die Triebziele des Menschen nicht eindeutig durch die Natur festgelegt sind und die Triebe sich deswegen grundsätzlich von den Instinkten unterscheiden. »Die Triebe sind mythische Wesen, großartig in ihrer Unbestimmtheit.«

Freud hat seine Triebtheorie mehrfach umgearbeitet. Die erste Theorie ist geprägt vom Dualismus zwischen Sexualtrieben und Ich- oder Selbsterhaltungstrieben. Klinische

Befunde zwingen aber zu der Annahme, daß auch das Ich
wie ein Liebesobjekt – narzißtisch – besetzt werden kann,
und Freud führt deswegen eine neue Unterscheidung ein:
Ichlibido, wenn die eigene Person besetzt wird; Objektlibido, wenn es sich um äußere Objekte handelt. Libido als
Begriff einer psychischen Kraft ist zunächst nur auf die Sexualtriebe bezogen, gilt aber in der zweiten Triebkonzeption sowohl für die Ich- als auch für die Objektposition.
Damit ist der Triebdualismus zurückgenommen auf eine
Unterscheidung innerhalb der Libido. In *Jenseits des Lustprinzips* stellt Freud seine Triebtheorie grundlegend um
und macht dabei vor allem einen neuen Dualismus stark.
»Unsere Auffassung war von Anfang an eine dualistische,
und sie ist es heute schärfer als zuvor, seitdem wir die Gegensätze nicht mehr Ich- und Sexualtriebe, sondern Le-
bens- und Todestriebe nennen.« (III: 262) In dieser neuen
Einteilung sind die alten Gegensätze aufgehoben und zu
einem der beiden Triebpole geworden. Ich- und Sexualtriebe bleiben ihrer Funktion nach unterschieden, werden
aber im Lebenstrieb als Einheit zusammengefaßt. Den
Lebenstrieben schreibt Freud die Aufgabe zu, »immer größere Einheiten herzustellen und so zu erhalten, also Bindung«. Ziel der Todestriebe dagegen ist es, »Zusammen-
hänge aufzulösen und so die Dinge zu zerstören«. (A: 12)
Am Dualismus von Lebens- und Todestrieben hat Freud
bis zuletzt festgehalten. Er hat stets betont, daß die Hypothese der Todestriebe spekulativ ist, aber das trifft für die
Triebtheorie von Anfang an zu. Auch in diesem Sinne gilt:
»Die Triebe sind mythische Wesen, großartig in ihrer Unbestimmtheit.« (I: 529)
↑*Jenseits des Lustprinzips*, Libido

U

Übertragung In der analytischen Therapie muß der Patient die Symptome zur Sprache kommen lassen; er muß die Affekte freisetzen, die irgendwo in seinem seelischen Leben verschwunden sind – und er kann nicht anders, als sich dabei an den Arzt zu wenden. Darin liegt der Kern der Übertragung. »Was sind Übertragungen? Es sind Neuauflagen, Nachbildungen von den Regungen und Phantasien, die während des Vordringens der Analyse erweckt und bewußtgemacht werden sollen, mit einer für die Gattung charakteristischen Ersetzung einer früheren Person durch die Person des Arztes.« (VI: 180) Auch die Übertragung findet im Medium der Sprache statt. Je mehr die Sprache des Patienten sich aus der Kontrolle des Ich löst, je mehr sie Ausdruck unbewußter Vorstellungen wird, desto greifbarer wird, daß die Sprache an Personen gerichtet und mit Interessen, Emotionen und Wünschen verknüpft ist. All das kann jetzt auf den Analytiker übertragen werden, mit allen Ambivalenzen, die in der Übertragung liegen.

Die Übertragung strukturiert aber nicht nur die aktuelle Gesprächssituation, sie gliedert auch den Ablauf der Therapie, die sich schematisch in zwei Phasen unterteilen läßt. In der ersten Phase wird alle psychische Energie in die Übertragung gedrängt und dort konzentriert. Hier geht es darum, die Krankheit des Patienten nach und nach in eine künstliche Krankheit, in eine Übertragungsneurose umzuwandeln. Aus dieser Krankheit soll es keine Flucht in eine neue Krankheit mehr geben, weil der Therapeut alle Wege der Verdrängung blockiert und so die zweite Übertragungsphase vorbereitet, in der die psychische Energie von den künstlich gesteuerten Fixierungen dann wieder gelöst werden soll.

Die Übertragung ist auf doppelte Weise an die Sprache ge-

bunden: Die verdrängten Affekte werden auf die Sprache
und durch die Sprache auf den Therapeuten übertragen.
Es ist vor allem die komplizierte Dynamik der Übertragung,
durch die sich die Psychoanalyse von der hypnotischen
Therapie ebenso unterscheidet wie von der Psychiatrie.
↑Grundregel, Analyse/Hypnose, Psychoanalyse

Unbewußt; das Unbewußte »Den meisten philoso-
phisch Gebildeten ist die Idee eines Psychischen, das nicht
auch bewußt ist, so unfaßbar, daß sie ihnen absurd und
durch bloße Logik abweisbar erscheint.« (III: 283)
Möglich wird die Psychoanalyse erst durch die Einsicht,
daß die Grenzen des Bewußten nicht die Grenzen des Psychischen sind. Und Freud hat immer wieder betont, daß
›unbewußt‹ einen spezifisch psychoanalytischen Sinn hat.
»Wir wollen nur die Vorstellung, die in unserem Bewußtsein gegenwärtig ist und die wir wahrnehmen, ›bewußt‹
nennen und nur dies als Sinn des Ausdrucks ›bewußt‹ gelten lassen; hingegen sollen latente Vorstellungen, wenn
wir Grund zu der Annahme haben, daß sie im Seelenleben
enthalten sind – wie dies beim Gedächtnis der Fall war –,
mit dem Ausdruck ›unbewußt‹ gekennzeichnet werden.«
(III: 29) Aber diese Beschreibung ist nur der erste Schritt,
um zu einer anderen, zu einer dynamischen Auffassung
überzugehen: daß es Vorstellungen gibt, die unbewußt und
zugleich wirksam sind. »Das Seelenleben der hysterischen
Patienten ist erfüllt mit wirksamen, aber unbewußten Gedanken; von ihnen stammen alle Symptome ab.« (III: 31)
Die Analyse neurotischer Symptome zeigt, daß es latente
Vorstellungen gibt, die äußerst wirksam sind und dennoch
nicht bewußt werden, weil sie offenbar auf eine Gegen-
kraft stoßen. Auf diese Dynamik entgegengesetzter Kräfte
kommt es Freud an, sie enthält das Konfliktpotential neurotischer Störungen. Durch diese Auslegung von Dynamik
als Konflikt gewinnt der Ausdruck ›unbewußt‹ endgültig
psychoanalytische Konturen. »Er bezeichnet nicht bloß latente Gedanken im allgemeinen, sondern besonders solche
mit einem bestimmten dynamischen Charakter, nämlich

diejenigen, die sich trotz ihrer Intensität und Wirksamkeit dem Bewußtsein fernhalten [...] So lernen wir, daß der unbewußte Gedanke vom Bewußtsein durch lebendige Kräfte ausgeschlossen wird, die sich seiner Aufnahme entgegenstellen, während sie anderen Gedanken, den vorbewußten, nichts in den Weg legen.« (III: 32 f.)

Schon im *Entwurf einer Psychologie* von 1895 findet sich das Unbewußte als besonderer seelischer Ort ausgezeichnet, der wesentlich durch eine Konfliktdynamik bestimmt ist. Die unbewußten Vorstellungen werden mit Triebenergie besetzt und streben danach, ins Bewußtsein zu gelangen. Die Gegenkräfte gegen das Bewußtwerden hat Freud als Abwehr oder Verdrängung bezeichnet. Abgewehrt werden alle Vorstellungen, die mit der moralischen Orientierung einer Person unvereinbar sind. Möglich wird das nach der frühen Einsicht Freuds, weil die Vorstellung abgetrennt wird von den Affekten, Emotionen, Stimmungen, die an sie geknüpft waren. Abgekoppelt von ihrem affektiven Umfeld, ist die Vorstellung nicht bewußtseinsfähig, während die Affekte sich an andere Vorstellungen hängen oder aber umgewandelt werden können in körperliche Energie. Die Annahme, daß jedes Symptom sich auf eine Reihe wirksamer, aber unbewußter Vorstellungen bezieht, erlaubt es, die Trennung von Vorstellung und Affekt therapeutisch wiederaufzuheben. Insofern macht die Theorie des Unbewußten die Möglichkeit seelischer Erkrankungen verständlich.

Das Unbewußte ist aber nicht der dunkle Grund der Seele, auf dem die unverträglichen Vorstellungen abgelagert sind und nur darauf warten, als neurotische Störungen wiederzukehren. Freud erklärt das Unbewußte zu einer psychischen Form. Ihre Funktion besteht darin, die Triebe zu artikulieren: sie in psychische Elemente zu gliedern und sie seelisch ausdrucksfähig zu machen. Diese Elemente nennt Freud Triebrepräsentanzen. Die Triebe sind als »Grenzbegriff zwischen Seelischem und Somatischem« bestimmt, sie sind aber weder im Bewußten noch im Unbewußten direkt zugänglich: Sie lassen sich nicht abbilden, sondern

nur repräsentieren, aber eben als Grenzbegriff. Das führt
zu terminologischen Schwankungen bei Freud. Einerseits
erscheint der Trieb selbst als psychischer Repräsentant der
Körperreize, andererseits wird der Trieb durch eine Vorstellung repräsentiert. »Ein Trieb kann nie Objekt des Bewußtseins werden, nur die Vorstellung, die ihn repräsentiert. Er kann auch im Unbewußten nicht anders als durch
die Vorstellung repräsentiert sein. Würde der Trieb sich
nicht an eine Vorstellung heften oder nicht als ein Affektzustand zum Vorschein kommen, so könnten wir nichts
von ihm wissen.« (III: 136) Es entspricht aber dem Wechselverhältnis von Körper und Seele, daß der Trieb zugleich
als Repräsentant und als Repräsentiertes erscheint: Die
Seele kann sich nicht selbst repräsentieren, sondern nur
über den Körper; aber auch der Körper kann sich nur über
die Seele repräsentieren.

Durch dieses Wechselverhältnis sind alle Elemente des
Unbewußten als Grenzbegriffe bestimmt: zwischen Körper und Seele, Affekt und Vorstellung, Energie und Sinn.
Die Elemente des Unbewußten verfügen weder über eine
stabile Energie noch über eine konstante Bedeutung. Sie
sind einer permanenten Dynamik unterworfen. Nach den
Regeln des Primärvorgangs können die Affekte, Stimmungen, Intensitäten – alles, was die Bedeutsamkeit einer bestimmten Vorstellung ausmacht – auf Vorstellungen übertragen werden, die mit ihnen in einer Assoziationskette
verbunden sind (Verschiebung). Andererseits kann eine
Vorstellung mehrere andere Vorstellungen und sogar
ganze Assoziationsketten vertreten (Verdichtung).

Freud hat den Kritikern seiner Theorie des Unbewußten
stets entgegengehalten, sie müßten nur einen ihrer Träume
analysieren, um sich von der Existenz des Unbewußten zu
überzeugen. So träumt Freud zum Beispiel, ein Freund sei
braun im Gesicht und habe hervortretende Augen – Zeichen der Basedowschen Krankheit. Der Traum verschiebt
diese Zeichen, die zu einer anderen Person gehören, auf
den Freund, der jetzt zugleich deren Eigenschaften vertritt
und in deren Rolle auftreten kann. Weil der Freund meh-

rere Personen vertritt, lassen sich auch die Ereignisse so weit überblenden, daß der Träumer sich endlich selbst mit einer anderen Person identifiziert und so einen Wunsch ausdrücken kann. Die Merkwürdigkeiten des Traums kommen nach den Regeln des Primärvorgangs zustande. Die Traumarbeit stützt sich auf die Unbestimmtheit der Vorstellungen im Unbewußten, auf die Dynamik der Affekte und das Gleiten der Bedeutung. Von diesem Überschuß an Sinn, den das Unbewußte hervorbringt, macht der Traum ebenso Gebrauch wie die Neurose. Deswegen kann die Psychoanalyse das Verfahren umkehren und aus dem Unsinn des Bewußten einen Sinn des Unbewußten machen. ↑Primärvorgang/Sekundärvorgang, *Die Traumdeutung*, Abwehr, Verdrängung

Urmensch Unberührt von der Zeit zu sein gehört zu den Merkmalen des Unbewußten. »Es findet sich im Es nichts, was der Zeitvorstellung entspricht, keine Anerkennung eines zeitlichen Ablaufs und, was höchst merkwürdig ist und seiner Würdigung im philosophischen Denken wartet, keine Veränderung des seelischen Vorgangs durch den Zeitablauf. Wunschregungen, die das Es nie überschritten haben, aber auch Eindrücke, die durch Verdrängung ins Es versenkt worden sind, sind virtuell unsterblich, verhalten sich nach Dezennien, als ob sie neu vorgefallen wären.« (I: 511) Aus dieser virtuellen Unsterblichkeit der Wünsche läßt sich verständlich machen, warum die Kindheit im seelischen Leben so viel Gewicht einnimmt. Das gilt für die Psychologie des Individuums. Freud hat die unbestimmte Zeitlichkeit des Unbewußten aber verallgemeinert und auf die Massenpsychologie übertragen. Ebenso wie das seelische Leben der Individuen von der Kindheit geprägt ist, so bleiben die Anfänge der Menschheit in der Kultur wirksam. So kommt es zu »Übereinstimmungen im Seelenleben der Wilden und der Neurotiker«, wie der Untertitel zu *Totem und Tabu* lautet. Aber auch im normalen seelischen Leben sind die Empfindungen des Urmenschen lebendig und können aktualisiert werden. Es ist vor allem das archaische Erbe des Kriegs, das uns an solche prähistorischen Empfindungen bindet. »So sind wir auch selbst, wenn man uns nach unseren unbewußten Wunschregungen beurteilt, wie die Urmenschen eine Rotte von Mördern.« Und an anderer Stelle heißt es in *Zeitgemäßes über Krieg und Tod*: »Er (der Krieg) streift uns die späteren Kulturauflagen ab und läßt den Urmenschen in uns wieder zum Vorschein kommen.« (IX: 57;59)

Wie der Mensch ohne die späteren Kulturauflagen war – diese Frage ist für jede Kulturkritik unabweisbar. Anders als zum Beispiel bei Rousseau, der im natürlichen Menschen das Ideal für einen zukünftigen skizziert, scheint der Urmensch bei Freud vor allem durch Aggressivität und Mordlust ausgezeichnet. »Er war gewiß ein sehr leidenschaftliches Wesen, grausamer und bösartiger als andere Tiere. Er mordete gern und wie selbstverständlich. Den Instinkt, der andere Tiere davon abhalten soll, Wesen der gleichen Art zu töten und zu verzehren, brauchen wir ihm nicht zuzuschreiben.« (IX: 52) Die Tat, in der Freud den Anfang der Kultur sieht, ist auch ein Mord, aber mehr noch ein Verbrechen, das gezielt, organisiert und durch Interessen motiviert begangen wird: Die Söhne ermorden ihren Vater, der als Führer über eine Horde herrscht und dem allein ein sexuelles Verfügungsrecht zusteht. Psychisch wirksam wird dieses Verbrechen durch die ambivalenten Gefühle der Mörder zwischen Liebe, Haß und sexuellen Wünschen. Für die Kulturtheorie Freuds entscheidend ist, daß dieser Mord wirklich geschehen ist und zum Ursprung der Kultur wird. Die gesellschaftlichen und kulturellen Institutionen sind Folge dieses Verbrechens, das sie grundsätzlich prägt und ihre doppelte Funktion bestimmt: den Mord zu widerrufen und das Töten zu tabuisieren. Freuds Thesen zum Urmenschen liefern nicht nur eine weitere Version der griechischen Ödipussage, sie verankern den Ödipuskomplex noch tiefer in der Geschichte der Gattung und rechnen ihn zu den »phylogenetisch mitgebrachten Schemata, die wie philosophische ›Kategorien‹ die Unterbringung der Lebenseindrücke besorgen. Ich möchte die

Auffassung vertreten, sie seien Niederschläge der menschlichen Kulturgeschichte. Der Ödipuskomplex, der die Beziehung des Kindes zu den Eltern umfaßt, gehört zu ihnen, ist vielmehr das bestgekannte Beispiel dieser Art.« (VIII: 229) Der Ödipuskomplex verbindet Urmensch und Spätkultur. Das Kind wiederholt die ambivalente Einstellung zwischen libidinösen und aggressiven Gefühlen seinen Eltern gegenüber. Wenn es gelingt, diese Einstellung in Verbote umzusetzen – in das Inzest- und in das Tötungsverbot –, ist damit der Weg frei für die Ausbildung des Über-Ich als moralischer Instanz, in der die Autorität der Eltern verinnerlicht wird. Freud zweifelt nicht daran, daß sich der Ödipuskomplex bewältigen läßt, wohl aber daran, daß wir den Urmenschen in uns wirklich überwunden haben. Die Tragik der modernen Kultur sieht er darin, daß sie den Urmenschen bloß verdrängt hat und deswegen ein angemessenes Selbstverständnis nicht finden kann.

↑ *Totem und Tabu, Das Unbehagen in der Kultur*, Kultur

V

Verbrechen Mit einem Verbrechen läßt Freud die Geschichte der Menschheit beginnen. Dabei folgt er der anthropologischen These Darwins, daß die Menschen ursprünglich in Horden gelebt haben, die von einem Führer beherrscht waren, dem allein das Vorrecht sexueller Beziehungen zukam. Diese prähistorische Zeit endet mit einem Schlag, als die Söhne sich zusammentun und ihren Vater ermorden. Weil sie ihren Vater aber zugleich geliebt haben, bleibt ein ambivalentes Gefühl zurück, das nach und nach in Schuldbewußtsein umschlägt. Um ihre Schuld zu bewältigen, setzen die Brüder an die Stelle des Vaters ein Totemtier, das als Ahne oder Gott verehrt wird und nicht getötet werden darf. Darin liegt der Ursprung des Verbots zu töten. Sie gehorchen dem Vater aber auch darin, mit den Frauen der Horde keine sexuellen Beziehungen einzugehen. Darin liegt der Ursprung von Inzestverbot und Exogamie. Freud hat diese Konstruktion einer Urgeschichte vor allem in *Totem und Tabu* dargelegt.

Freud legt diesen Mord als historisches Ereignis aus, das jedesmal aufs neue psychisch bewältigt werden muß. In der Ambivalenz aggressiver und libidinöser Strebungen den Eltern gegenüber, in der Verflechtung von Wunsch und Verbot, in der Geltung des Inzestverbots sieht Freud das Ereignis wiederholt, mit dem die Menschen in die Geschichte eingetreten sind. Dafür steht der Ödipuskomplex. »Wenn das Totemtier der Vater ist, dann fallen die beiden Hauptgebote des Totemismus, die beiden Tabuvorschriften, die seinen Kern ausmachen, den Totem nicht zu töten und kein Weib, das dem Totem angehört, sexuell zu gebrauchen, inhaltlich zusammen mit den beiden Verbrechen des Ödipus, der seinen Vater tötete und seine Mutter zum Weibe nahm, und mit den beiden Urwünschen des Kindes, deren ungenügende Verdrängung oder deren Wiedererweckung den Kern vielleicht aller Psychoneurosen bildet.« (IX: 416 f.)

Freud sieht die Urgeschichte der Menschheit von Mord erfüllt und das kollektive Gedächtnis von der Erinnerung daran bestimmt. So scheint ihm auch die christliche Lehre von der Erbsünde auf einen Vatermord hinzuweisen. Und noch das Gebot »Du sollst nicht töten« »macht uns sicher, daß wir von einer unendlich langen Generationsreihe von Mördern abstammen, denen die Mordlust, wie vielleicht noch uns selbst, im Blute lag«. (IX: 56) Die moderne Kultur hat den Urmenschen nicht überwunden, sondern bloß verdrängt.

↑ *Totem und Tabu*

Verdichtung Verschiebung und Verdichtung sind die beiden wesentlichen Mechanismen, die das Unbewußte gliedern. Sie gelten für alle unbewußten Vorgänge, an den Träumen lassen sie sich besonders gut demonstrieren.

»Das erste, was dem Untersucher bei der Vergleichung von Trauminhalt und Traumgedanken klar wird, ist, daß hier eine großartige *Verdichtungsarbeit* geleistet wurde. Der Traum ist knapp, armselig, lakonisch im Vergleich zu dem Umfang und zur Reichhaltigkeit der Traumgedanken. Der Traum füllt niedergeschrieben eine halbe Seite; die Analyse, in der die Traumgedanken enthalten sind, bedarf das Sechs-, Acht-, Zwölffache an Schrifttum.« (II: 282) Verdichtung sorgt dafür, daß mehrere Vorstellungen oder Traumgedanken, die assoziativ miteinander verbunden sind, durch ein einziges Element im Traum vertreten werden. Verdichtung kann darin bestehen, daß Traumbilder wie Knotenpunkte in den Traumgedanken mehrfach vorkommen, »also Knotenpunkte darstellen, in denen sehr viele der Traumgedanken zusammentreffen, weil sie mit Bezug auf die Traumdeutung *vieldeutig* sind [...] Jedes der Elemente des Trauminhaltes erweist sich als *überdeterminiert*, als mehrfach in den Traumgedanken vertreten.« (II: 286) Ebenso kann Verdichtung aber auch unterschiedliche und sogar widersprüchliche Eigenschaften von Dingen oder Personen ausdrücken, deswegen sind die Träume von Sammelpersonen und Mischgebilden bevölkert. »Ich kann mir eine *Sammelperson* [...] für die Traumverdichtung herstellen, indem ich aktuelle Züge zweier oder mehrerer Personen zu einem Traumbilde vereinige. Solcherart ist der Dr. M. meines Traumes entstanden, er trägt den Namen des Dr. M., spricht und handelt wie er; seine leibliche Charakteristik und sein Leiden sind die einer anderen Person, meines älteren Bruders; ein einziger Zug, das blasse Aussehen, ist doppelt determiniert, indem er in der Realität beide Personen gemeinsam ist.« (II: 294) Schließlich kann sich Verdichtung auch darin zeigen, daß zwischen zwei Vorstellungskreisen ein mittleres Gemeinsames auftritt.

Alle Elemente des Unbewußten unterliegen der Verdichtung. Für sie alle gilt, was sich an den Traumbildern demonstrieren läßt: Sie sind Zeichen ohne konstante Bedeutung; als Signifikanten sind sie an kein bestimmtes Signifikat gebunden. Interpretieren lassen sie sich nur über

die Kontexte, die in der Deutung jedesmal hergestellt werden müssen. Darin unterscheiden sie sich von Elementen
des Bewußtseins, die sich grundsätzlich, wenn auch nicht
vollständig über den Code der Sprache interpretieren lassen. Allerdings kann auch die verbale Sprache mit Viel-
deutigkeiten und mehrfach determinierten Bildern umgehen. Die Metapher ist ein Beispiel dafür. Die rhetorische
Tradition versteht darunter eine Beziehung zwischen Gegenständen oder Begriffen, die auf Ähnlichkeit beruht und
durch eine Bedeutungsübertragung zustande gekommen
ist: der Star als Übertragung vom Himmel auf die Bühne.
Metaphern lassen sich auch als abgekürzte Vergleiche verstehen: Fuchs für listiger Mensch. Die Linguistik nach Fer-
dinand de Saussure sieht in der Metapher aber nicht nur
eine Stilfigur, sondern stellt einen Zusammenhang her mit
der Selektion, die neben der Kombination als eine der beiden Grundoperationen der Sprache gilt: Wenn wir sprechen, wählen wir Zeichen aus einem Vorrat ähnlicher Zeichen aus, das meint Selektion. Diese Zeichen verbinden
wir dann zu größeren Einheiten, z. B. zu Sätzen (Kombination). Zum Beispiel: du oder Sie; er oder der da oder der
Herr dort. Das Zeichen, das wir auswählen, bleibt bezieh-
bar auf alle Zeichen, die wir nicht ausgewählt haben. Insofern ermöglicht die Selektion, daß wir überhaupt Metaphern bilden können. Aus dieser Perspektive läßt sich
Verdichtung als sprachlicher Mechanismus verständlich
machen, der allerdings von der besonderen Art ist, die das
Unbewußte auszeichnet. In der verbalen Sprache beziehen
sich die ausgewählten Zeichen nur virtuell auf ähnliche,
durch die sie ersetzbar wären; im Unbewußten kann eine
ganze Kette ähnlicher Zeichen überblendet und simultan
ausgedrückt werden. So kommen im Traum die Dinge und
Personen mit den vielen Eigenschaften zustande, die in der
Deutung aufgelöst und in die Linearität der verbalen Sprache übersetzt werden müssen.
↑Verschiebung, *Die Traumdeutung*

Verdrängung Verdrängung gehört wie Abwehr zum frühen Vokabular der Psychoanalyse und verweist auf einen anderen Grundbegriff: das Unbewußte. Ohne diesen Bezug wäre der Sinn von Verdrängen im Unterschied zu Vergessen oder Vermeiden kaum greifbar. Verdrängung setzt voraus, daß ein Teil des seelischen Lebens dem Bewußtsein nicht zugänglich ist, und meint die Mechanismen, durch die eine Vorstellung unbewußt ist oder es wird. Freud beginnt seine Abhandlung *Die Verdrängung* mit der Feststellung: »Es kann das Schicksal einer Triebregung werden, daß sie auf Widerstände stößt, welche sie unwirksam machen wollen.« (III: 107) Schon wenige Sätze später macht er auf eine Schwierigkeit im Begriff der Verdrängung aufmerksam: Wenn Triebbefriedigung immer lustvoll ist, warum sollten dann Triebregungen überhaupt unwirksam gemacht werden? »Offenbar muß hier die Bedingung erfüllt sein, daß die Erreichung des Triebzieles Unlust an Stelle von Lust bereitet. Aber dieser Fall ist nicht gut denkbar. Solche Triebe gibt es nicht, Triebbefriedigung ist immer lustvoll.« (III: 107) Freud nimmt an, daß der psychische Apparat von unterschiedlichen Einstellungen geleitet wird und es denkbar ist, daß Triebbefriedigung auf der einen Seite Lust, für das Ich auf der anderen Seite aber Unlust bedeutet, weil es seine Integrität durch das befriedigte Triebziel in Frage gestellt sieht. Insofern steht auch Verdrängung für Freuds Einsicht, daß psychisches Leben grundsätzlich konfliktreich ist. Und mehr noch: daß es kein allgemeines Kriterium gibt, nach dem wir Lust von Unlust zweifelsfrei unterscheiden könnten.

Verdrängung läßt sich als Dynamik von Kräften beschreiben: Die ins Unbewußte abgedrängte Vorstellung bleibt weiterhin mit affektiver Energie besetzt, und sie bleibt darauf gerichtet, wieder ins Bewußtsein zu gelangen oder sich über den Körper Ausdruck zu verschaffen. Wo das gelingt, spricht Freud von der Wiederkehr des Verdrängten; aber auch dort, wo das Verdrängte nicht wiederkehrt, hinterläßt es seine Spuren in den Symptomen, den Träumen oder Fehlleistungen. Greifbar war für Freud das Problem

der Verdrängung schon in den ersten Fällen hysterischer
Störungen. Der kleine Hans muß das Gefühl gesteigerter
Zärtlichkeit seiner Mutter gegenüber verdrängen, weil er
sich dadurch an die Stelle seines Vaters versetzt fühlt und
Bestrafung fürchtet. Aber auch die Vorstellung eines aggressiven Vaters muß abgewehrt werden, weil sie sich
nicht mit dem Wunsch verträgt, vom Vater geliebt zu werden. Freud hat seine Theorie der Verdrängung aus der
Analyse neurotischer Krankheiten abgeleitet und doch
von Anfang an keinen Zweifel daran gelassen, daß wir es
hier mit einem universellen psychischen Vorgang zu tun
haben, der verständlich macht, daß ein Teil des psychischen Lebens dem Bewußtsein nicht zugänglich ist.
↑Abwehr, Kleiner Hans

Verführung In den Briefen an Wilhelm Fließ läßt sich
verfolgen, daß Freud zwischen 1895 und 1897 eine Verführungstheorie ausarbeitet. Sie nimmt die klinische Erfahrung auf, daß die Patienten von sexuellen Verführungs-
erlebnissen in der frühen Kindheit berichten, die zwar ein
weites Spektrum haben können, aber doch »in wirklicher
Irritation der Genitalien bestehen«. Freud sieht in der Verführungsszene die Ursache für neurotische Störungen.
Was er Fließ brieflich mitteilt, veröffentlicht er dann 1896
in einem Aufsatz über die *Abwehr-Neuropsychosen*. Dabei
nimmt Freud an, daß die Verdrängung, die zur Neurose
führt, erst nachträglich veranlaßt wird: Ein zweites Erlebnis, das sich mit der Verführungsszene assoziativ verknüpft,
aktualisiert die Wahrnehmung, bewirkt eine Reizüber-
flutung und wird als unverträglich verdrängt. Freud ist mit
dieser Theorie zur Entstehung von Neurosen auf erbitterte
Ablehnung gestoßen. Der Sexualpathologe Richard von
Krafft-Ebing sprach von einem »wissenschaftlichen Märchen«. Erst nach und nach kommen Freud Zweifel, ob das,
was die Patienten erzählen, wörtlich zu nehmen ist. Er
möchte es gern glauben, allerdings weniger, weil er Perversionen gegen Kinder für so verbreitet hält. Aus theoretischen Gründen ist ihm daran gelegen, die Ursache neu-

rotischer Störungen nicht allein in der Phantasie zu sehen,
sondern durch einen Realitätsbezug auszuweisen. Es ist
aber gerade der Realitätsbezug, der sich in den Erzählun-
gen der Patienten nicht beglaubigen läßt, weil es »im Unbewußten ein Realitätszeichen nicht gibt, so daß man die
Wahrheit und die mit Affekt besetzte Fiktion nicht unterscheiden kann«. So heißt es im Brief an Fließ vom September 1897, den Freud mit der Formel einleitet, er wolle
ihm ein großes Geheimnis anvertrauen. »Ich glaube an
meine Neurotica nicht mehr.« (F: 186) Der Abschied von
der Verführungstheorie hat den Weg frei gemacht für
Freuds Selbstanalyse, die schon bald zur Entdeckung der
Ödipusstruktur geführt hat. Freud hat diese Selbstkorrek-
tur für einen entscheidenden Schritt in der Begründung
der Psychoanalyse gehalten und ins Repertoire seiner
Selbstdarstellungen aufgenommen.
»Ehe ich weiter in die Würdigung der infantilen Sexualität
eingehe, muß ich eines Irrtums gedenken, dem ich eine
Weile verfallen war und der bald für meine ganze Arbeit
verhängnisvoll geworden wäre. Unter dem Drängen meines damaligen technischen Verfahrens reproduzierten die
meisten meiner Patienten Szenen aus ihrer frühen Kindheit, deren Inhalt die sexuelle Verführung durch einen Erwachsenen war. Bei den weiblichen Personen war die Rolle
des Verführers fast immer dem Vater zugeteilt. Ich schenkte
diesen Mitteilungen Glauben und nahm also an, daß ich in
diesen Erlebnissen sexueller Verführung in der Kindheit
die Quellen der späteren Neurose aufgefunden hatte [...]
Als ich dann doch erkennen mußte, diese Verführungs-
szenen seien niemals vorgefallen, seien nur Phantasie, die
meine Patienten erdichteten, die ich ihnen vielleicht selbst
aufgedrängt hatte, war ich eine Zeitlang ratlos [...] Als ich
mich gefaßt hatte, zog ich aus meiner Erfahrung die rich-
tigen Schlüsse, daß die neurotischen Symptome nicht
direkt an wirkliche Erlebnisse anknüpfen, sondern an
Wunschphantasien, und daß für die Neurose die psychische Realität mehr bedeutete als die materielle.« (S: 63 f.)
↑Ödipuskomplex, *Drei Abhandlungen zur Sexualtheorie*

Verlobung 1882 verlobt sich Freud mit Martha Bernays, die aus einer alten jüdischen Familie in Hamburg stammt. Weil er sich eine Heirat ohne bürgerlichen Haushalt nicht vorstellen kann, verzichtet er auf eine wissenschaftliche Karriere, die zu unsicher erscheint, und bereitet sich auf die Gründung einer Privatpraxis vor. In den vier Jahren bis zur Heirat sehen sich die Verlobten nur selten, um sich desto öfter zu schreiben. Freuds Briefe enthalten detaillierte Berichte über seine Arbeit, greifbar wird aber auch, wie schwer ihm das Warten fällt. Vermutlich hat Freud in der Verlobungszeit völlig enthaltsam gelebt. Einmal schreibt er: »Ich bin ja nur ein halber Mensch im Sinne der alten platonischen Fabel, die Du gewiß kennst, und meine Schnittfläche schmerzt mich, sobald ich außer Beschäftigung bin.« Freud wußte, wovon er spricht, wenn er später die Sublimierung von Trieben als notwendige Kulturleistung auszeichnet und sich zugleich für eine liberale Sexualmoral einsetzt.
↑Karrierepläne

Verschiebung Verdichtung und Verschiebung sind die beiden wesentlichen Modalitäten, durch die das Unbewußte artikuliert ist. Sie gelten für alle unbewußten Vorgänge, an den Träumen lassen sie sich besonders gut demonstrieren.
»Wir konnten bemerken, daß die Elemente, welche im Trauminhalt sich als die wesentlichen Bestandteile hervordrängen, in den Traumgedanken keineswegs die gleiche Rolle spielen [...] Der Traum ist gleichsam *anders zentriert*, sein Inhalt um andere Elemente als Mittelpunkt geordnet als die Traumgedanken. So z. B. ist im *Traum von der botanischen Monographie* Mittelpunkt des Trauminhalts offenbar das Element ›botanisch‹; in den Traumgedanken handelt es sich um die Komplikationen und Konflikte, die sich aus verpflichtenden Leistungen zwischen Kollegen ergeben, in weiterer Folge um den Vorwurf, daß ich meinen Liebhabereien allzu große Opfer zu bringen pflege, und das Element ›botanisch‹ findet in diesem Kern der Traumge-

danken überhaupt keine Stelle, wenn es nicht durch seine Gegensätzlichkeit locker damit verbunden ist, denn Botanik hatte niemals einen Platz unter meinen Lieblingsstudien.« (II: 305) Voraussetzung für die Verschiebung ist die Trennung von Affekt und Vorstellung: Intensität, Bedeutsamkeit, emotioneller Ton oder Akzent lösen sich von einer bestimmten Vorstellung, so daß die Energie, die einer bestimmten Vorstellung eigen ist, auf Vorstellungen verschoben werden kann, die mit der ersten durch Assoziationsketten verbunden sind. Verschiebung sorgt für die »Umwertung der psychischen Wertigkeiten« zwischen dem manifesten Traum und den Traumgedanken, »so hat bei der Traumbildung eine Übertragung der psychischen Intensitäten der einzelnen Elemente stattgefunden, als deren Folge die Textverschiedenheit von Trauminhalt und Traumverdichtung erscheint«. (II: 307) Die Verschiebung ist eng verbunden mit der Verdichtung von Traumzeichen. Die Vorstellungen, die sie auf ihrem Assoziationsweg berührt, können in die Bildung der Traumzeichen eingehen.

Allerdings kann auch die verbale Sprache mit Verschiebungen zwischen Zeichen umgehen, die ein gemeinsames Kontinuum bilden. Die Metonymie ist ein Beispiel dafür. Die rhetorische Tradition versteht darunter die Ersetzung eines Ausdrucks durch eine verwandte Bezeichnung, die in kausaler, räumlicher oder zeitlicher Nachbarschaft steht, aber kein gemeinsames Merkmal haben muß (z. B. Freud lesen statt Freuds Werk; ein Glas trinken statt ein Glas Wein; die Krone statt das Königreich). Die Linguistik nach Saussure sieht in der Metonymie aber nicht nur eine Stilfigur, sondern stellt einen Zusammenhang her mit der Kombination, die neben der Selektion als eine der beiden Grundoperationen der Sprache gilt: Wenn wir sprechen, wählen wir Zeichen aus einem Vorrat ähnlicher Zeichen aus (Selektion). Diese Zeichen verbinden wir dann zu größeren Einheiten, z. B. zu Sätzen, das meint Kombination. Sie steht für die sprachliche Fähigkeit, aus dem Nebeneinander von Zeichen Kontexte zu bilden. Aus dieser Perspektive läßt sich Verschiebung als sprachlicher Mechanis-

mus verständlich machen, der allerdings von der besonderen Art ist, die das Unbewußte auszeichnet. In der verbalen Sprache verlaufen die Verschiebungen innerhalb einer konstanten Bedeutung; im Unbewußten wird die Konstanz von Bedeutungen durch die Verschiebung aufgelöst. Zudem haben wir es mit zwei Texten zu tun: Die Traumbilder haben einen anderen Fokus als die Traumgedanken. Die Verschiebung hat deutlich eine Abwehrfunktion. So verschiebt der kleine Hans seine Angst vor dem Vater auf die Pferde, um über das zu sprechen, was er gar nicht sagen kann. Die Traumverschiebung geht offensichtlich auf das Konto der Zensur. »Is fecit cui profuit«, kommentiert Freud: Der hat die Tat begangen, dem sie nützlich war.
↑Verdichtung, Kleiner Hans, *Die Traumdeutung*

Vorstellung Mit der traditionellen Auffassung von Vorstellung – ich stelle mir ein Objekt vor – berührt sich nur am Rand, was Freud unter Vorstellung versteht. Psychisch bedeutsam sind Vorstellungen nicht in erster Linie durch die Beziehung auf ein Objekt, sondern auf einen Affekt. Daraus ergibt sich eine dreipolige Gliederung: Die Vorstellung bezieht sich auf einen Gegenstand oder Begriff, und sie ist zugleich durch einen affektiven Akzent bezeichnet – durch ein bestimmtes Quantum an affektiver Intensität oder Energie. Freud nimmt an, daß diese Relation sich jederzeit auflösen kann. Affekt und Vorstellung werden getrennt, die Beziehung auf ein Objekt aufgelöst, was dann zur Folge hat, daß die Vorstellung aus dem Bewußtsein verdrängt wird. Dann spricht Freud von unbewußten Vorstellungen. Für die traditionelle Auffassung klingt das recht seltsam. Für die Psychoanalyse eröffnet sich dadurch eine Perspektive auf den Sinn neurotischer Symptome. Zum Beispiel läßt sich die Zwangsneurose dann so beschreiben: Die Affekte werden von der Vorstellung abgezogen, die an das pathogene Ereignis gebunden sind, und auf eine andere, für harmlos gehaltene Vorstellung verschoben.
Im Unbewußten verfügen die Vorstellungen weder über

eine konstante Beziehung auf ein Objekt, noch sind sie affektiv festgelegt. Gerade weil sie unbestimmt sind, unterliegen die Vorstellungen der Dynamik, in der das Unbewußte sich nach den Mechanismen von Verdichtung und Verschiebung unaufhörlich artikuliert. Im linguistischen Sinn haben wir es hier mit Signifikanten zu tun, die aber nicht auf ein Signifikat verweisen, sondern auf den Kontext, was im psychoanalytischen Sinn meint: auf einen affektiven Akzent und auf eine Serie anderer, assoziativ verknüpfter Zeichen.

↑Verdichtung, Verschiebung

Wissenschaft vom Unbewußten Freuds Wissenschaft vom Unbewußten ist ambivalent angelegt: als Naturwissenschaft auf biologischer Grundlage, deren Gegenstand die Physiologie der Triebe ist, und zugleich als hermeneutische Deutungskunst auf der praktischen Seite der Therapie. Die Sprache, in der sie abgefaßt ist, stammt zum einen aus dem Vokabular der Physiologie: Reiz, Spannung, Abfuhr, Konstanz, Energie; zum anderen lesen sich die Fallstudien wie Novellen, »wie man sie vom Dichter zu erhalten gewohnt ist«. Freud hat diese doppelte Ausrichtung immer wieder bestätigt. So heißt es 1913 in *Das Interesse an der Psychoanalyse*: »Wir haben es notwendig gefunden, biologische Gesichtspunkte während der psychoanalytischen Arbeit fernzuhalten und solche auch nicht zu heuristischen Zwecken zu verwenden, damit wir in der unparteiischen Beurteilung der uns vorliegenden psychoanalytischen Tatbestände nicht beirrt werden. Nach vollzogener psychoanalytischer Arbeit müssen wir aber den Anschluß an die Biologie finden und dürfen zufrieden sein, wenn er schon jetzt in dem einen oder anderen Punkt gesichert scheint.« (D: 120)

Andererseits hat Freud sich vehement-polemisch dagegen gewehrt, daß die Psychoanalyse zum Spezialgebiet der
Medizin wird: »Die letzte Maske des Widerstandes gegen
die Analyse, die ärztlich-professionelle, ist die für die Zukunft gefährliche«, heißt es 1929 in einem Brief an den ungarischen Analytiker Sándor Ferenczi. Dagegen will Freud
die Psychoanalyse an die Kulturwissenschaften anschließen. »Als ›Tiefenpsychologie‹, Lehre vom seelisch Unbewußten, kann sie all den Wissenschaften unentbehrlich
werden, die sich mit der Entstehungsgeschichte der menschlichen Kultur und ihrer großen Institutionen wie Kunst, Religion und Gesellschaftsordnung beschäftigen.« (E: 339)
Es liegt auf der Hand, daß die Wissenschaft vom Unbewußten in irgendeinem strengen Sinn nicht als Naturwissenschaft begründet ist. Freuds Rückgriff auf die
Naturwissenschaften ist aber auch nicht bloß Selbstmißverständnis, sondern als Versuch zu verstehen, die Physiologie der Triebe in eine anthropologische Perspektive
umzusetzen. In einer solchen Perspektive bleibt der Mensch
an die Bedingungen seiner Triebnatur gebunden und zugleich offen, weil das, was seine Triebnatur ausmacht, sich
nur über die Kultur bestimmen läßt. Gerade darin liegt ja
das »Maß der Arbeitsanforderung«, das die Psyche leisten
muß, um die Triebnatur des Menschen mit seiner kulturellen Existenz zu vermitteln. »Wenden wir uns nun von der
biologischen Seite her der Betrachtung des Seelischen zu,
so erscheint uns der ›Trieb‹ als ein Grenzbegriff zwischen
Seelischem und Somatischem, als psychischer Repräsentant der aus dem Körperinnern stammenden, in die Seele
gelangenden Reize, als ein Maß der Arbeitsanforderung, die
dem Seelischen infolge seines Zusammenhanges mit dem
Körperlichen auferlegt ist.« (III: 85)
↑Philosophische Ärzte, Anthropologie, Laien

Wolfsmann: Zwangsneurose + Phobie 1910 berichtet
Freud von einem neuen Patienten aus Odessa: sehr reich,
mit Zwangsgefühlen und nach Jahren psychiatrischer Behandlung ein hoffnungsloser Fall. Der Patient ist dreiund-

zwanzig, die Analyse dauert viereinhalb Jahre. Die Krankengeschichte erscheint 1918: *Aus der Geschichte einer infantilen Neurose*. Daß Freud diesen Fall als Kinderneurose
darstellt, ist durchaus provokativ gemeint: gegen die Psychiatrie, der er vorhält, keinen Zugang zur frühen Kindheit
zu haben, aber auch gegen Tendenzen in der psychoanalytischen Bewegung, die infantile Sexualität für weniger bedeutsam zu halten.

Die *Geschichte einer infantilen Neurose* besteht aus drei Ereignissen, die chronologisch aufeinanderfolgen, deren Sinn
sich aber immer erst nachträglich erschließt. »Das Kind
empfängt mit anderthalb Jahren einen Eindruck, auf den
es nicht genügend reagieren kann, versteht ihn erst, wird
voll von ihm ergriffen bei der Wiederbelebung des Ein-
drucks mit vier Jahren und kann erst zwei Dezennien später in der Analyse mit bewußter Denktätigkeit erfassen,
was damals in ihm vorgegangen.« (VIII: 163)

Das erste Ereignis nennt Freud die Urszene: Beobachtung
des elterlichen Geschlechtsverkehrs mit anderthalb Jahren. Um plausibel zu machen, daß diese Szene sich sehr
wohl ereignet haben könnte, stellt Freud sie mit allen rea-
listischen Details dar, die sich aus den biographischen Daten ergeben. Der Patient litt damals an einer Malaria, schlief
deswegen im Zimmer seiner Eltern; es war ein heißer Som-
mertag, und die Eltern hatten sich zu einem Nachmittags-
schläfchen zurückgezogen. »Im Grunde ist es nichts Au-
ßerordentliches, macht nicht den Eindruck des Produkts
einer ausschweifenden Phantasie, daß ein junges, erst wenige Jahre verheiratetes Ehepaar an einen Nachmittags-
schlaf zu heißer Sommerszeit einen zärtlichen Verkehr
anschließt und sich dabei über die Gegenwart des anderthalb Jahre alten, in seinem Bettchen schlafenden Knäb-
leins hinaussetzt.« (VIII: 157) Für die nachträgliche Wirkung dieser Szene wichtig ist, daß der Knabe den ganzen
anatomischen Unterschied der Geschlechter gesehen hat.
Auch dieser Umstand läßt sich realistisch so verstehen,
»daß der Koitus von rückwärts vollzogen wurde« und so
Beobachtungen möglich waren, »die durch eine andere

Lage der Liebenden erschwert oder ausgeschlossen wären«. (VIII: 157)

Das Kind sieht in der Urszene alles, versteht aber nichts, weil es den anatomischen Unterschied der Geschlechter noch nicht auf sich selbst bezieht. Es gehört zu den Grundannahmen Freuds, daß im infantilen Denken das weibliche Genitale als Verlust des männlichen erscheint oder als Kastration, und zwar für beide Geschlechter. In der *Geschichte einer infantilen Neurose* enthält die Urszene diese Erfahrung, deren Sinn erschließt sich aber erst nachträglich. Mit drei Jahren wird der Patient von seiner älteren Schwester in erotische Spiele einbezogen. Als er vor seiner Kinderfrau onaniert, erklärt sie ihm, daß Kinder, die das tun, an der Stelle eine »Wunde« bekommen. Nach und nach beginnt er, an die Realität der Kastration zu glauben, er gibt die Onanie auf und kehrt in eine frühe Phase sexueller Entwicklung zurück. »*Das beginnende Sexualleben unter der Leitung der Genitalzone war also einer äußeren Hemmung erlegen und durch deren Einfluß auf eine frühere Phase prägenitaler Organisation zurückgeworfen worden.* Infolge der Unterdrückung der Onanie nahm das Sexualleben des Knaben sadistisch-analen Charakter an.« (VIII: 145) Er quält Tiere und macht seiner Kinderfrau das Leben schwer. Zugleich bildet er eine masochistische Seite aus, die in Ritualen der Selbstzüchtigung besteht, während sich in der Vorstellung, vom Vater geschlagen zu werden, der Wunsch nach einer sexuellen Beziehung mit dem Vater ausdrückt. Freud versteht diese Zeit bis zum vierten Geburtstag seines Patienten als Phase der »Schlimmheit und Perversität«. Sie endet mit einem Traum, der den Beginn der neurotischen Erkrankung ankündigt.

»*Ich habe geträumt, daß es Nacht ist und ich in meinem Bett liege, (mein Bett stand mit dem Fußende gegen das Fenster, vor dem Fenster befand sich eine Reihe alter Nußbäume. Ich weiß, es war Winter, als ich träumte, und Nachtzeit). Plötzlich geht das Fenster von selbst auf, und ich sehe mit großem Schrecken, daß auf dem großen Nußbaum vor dem Fenster ein paar weiße Wölfe sitzen. Es waren sechs oder sieben Stück. Die Wölfe waren ganz weiß und sahen eher aus wie Füchse oder Schäferhunde, denn sie hatten große Schwänze wie Füchse, und ihre Ohren waren aufgestellt wie bei den Hunden, wenn sie auf etwas [auf]passen. Unter großer Angst, offenbar, von den Wölfen aufgefressen zu werden, schrie ich auf* und erwachte. Meine Kinderfrau eilte zu meinem Bett, um nachzusehen, was mir geschehen war. Es dauerte eine ganze Weile, bis ich überzeugt war, es sei nur ein Traum gewesen, so natürlich und deutlich war mir das Bild vorgekommen, wie das Fenster aufgeht und die Wölfe auf dem Baum sitzen. Endlich beruhigte ich mich, fühlte mich wie von einer Gefahr befreit und schlief wieder ein.« (VIII: 149)

Nur kurze Zeit nach diesem Traum ist die neurotische Störung des Wolfsmannes voll entwickelt: Angsthysterie, die sich als Tierphobie äußert; Zwangsneurose mit religiösen Inhalten. Die Analyse des Traums erbringt zunächst Materialien zur Tierphobie: das schreckliche Bild eines Wolfs in einem Märchenbuch; die Geschichte von einem Wolf, dem man den Schwanz ausgerissen hat; die Angst vor seinem Lateinlehrer, der Wolf hieß; aber auch der Löwe konnte die Stelle des fürchterlichen Tiers einnehmen. So ergibt sich als Zwischenergebnis: Es muß sich um eine Begebenheit aus sehr früher Kindheit handeln; es geht um Sexualprobleme, hinter dem Wolf verbirgt sich der Vater, der schwanzlose Wolf steht für Kastration. Alle diese Assoziationen bleiben aber auf der Traumoberfläche, die sich erst nach und nach auflösen läßt und eine andere Perspektive freigibt: auf die Urszene. Freud nimmt an, dieser Traum bedeute den Wunsch des Jungen nach sexueller Befriedigung durch den Vater. Für diese Rolle des Vaters steht die Urszene. Um diese Szene im Sinne der eigenen Wünsche zu realisieren, muß sich das Kind allerdings mit der Mutter identifizieren. Weil er aber die Mutter als kastriert wahrgenommen hat, erzeugt der Wunsch zugleich die Angst vor der eigenen Kastration.

Freud zählt die Deutung dieses Traums zu den wesentlichen Voraussetzungen für die Heilung des Wolfsmanns. Eine andere Bedingung ist eher technischer Art. Weil der

Wolfsmann sich allzu zögerlich verhielt, setzte Freud schließlich eine Frist von einem Jahr, dann sollte die Analyse beendet sein. Unter diesem Druck wurde der Patient aktiv und lieferte, was für die Behandlung nötig war. Im Sommer 1914 war die Therapie abgeschlossen. Der Wolfsmann konnte ein unabhängiges Leben führen, allerdings kehrte die Krankheit zurück. 1919 ließ sich der Wolfsmann noch einmal kurz von Freud behandeln, Mitte der zwanziger Jahre wurde er dann von Ruth Mack Brunswick analysiert. Vielleicht war Freuds Patient schwerer gestört, als es die *Geschichte einer infantilen Neurose* darstellt. Der hoffnungslose Fall, zu dem ihn die Psychiatrie machen wollte, war der Wolfsmann aber offensichtlich nicht.
↑Rattenmann, Kleiner Hans, Kastration

Wunsch Was Freud den psychischen Apparat nennt, ist im Kern eine Wunschmaschine. Sie ist darauf eingestellt, Unlust in Lust umzuwandeln. Unlust entsteht, wenn sich Erregung anhäuft; Lust, wenn die Spannung verringert werden kann. »Eine solche, von der Unlust ausgehende, auf die Lust zielende Strömung im Apparat heißen wir einen Wunsch.« (II: 568) Aber nicht mit dem Spannungsbogen von der Unlust zur Lust beginnt das psychische Leben, sondern mit der Erinnerung an die Lust. Die Erregung hat Spuren hinterlassen und die Erfahrung der Lust an ein konkretes Ereignis geknüpft, das im Gedächtnis aufbewahrt wird. Die Erinnerungszeichen machen aus dem Apparat ein bestimmtes seelisches Leben, das durch die Spuren von Lust und Unlust gegliedert ist. Die Lust ist an das Ziel geknüpft, das seelische Leben möglichst spannungsfrei zu halten, und der Wunsch ist diesem Ziel verpflichtet, indem er die Triebenergien des Körpers an die Erinnerungsspuren des Gedächtnisses bindet und daraus psychische Ausdrücke macht. Das Körperlich-Unbestimmte in Psychisch-Bestimmtes umzuwandeln: Das wäre die kürzeste Formel für das, was Freud Wunscherfüllung nennt.
Im strengen psychoanalytischen Sinn ist der Wunsch unbewußt. Wie er sich erfüllen läßt, kann das Bewußtsein

nicht beurteilen, weil es keinen Zugang zur Sprache der Wünsche hat. Was wir im allgemeinen Wunsch nennen, muß nicht durch das Unbewußte bearbeitet werden, um sich zu erfüllen. Wenn aber zum Beispiel Freud in seinem Traum *Otto sieht schlecht aus* sich den Wunsch erfüllt, Professor zu werden, dann ist nicht der Wunsch unbewußt, sondern die merkwürdigen Wege waren es, die der Wunsch im Traum verfolgt, um sich imaginär als erfüllt darzustellen. Die Wunscherfüllung läßt sich nicht dem bewußten Ich zuschreiben, sie gilt der ganzen Person. Nur unter dieser Voraussetzung wird verständlich, daß auch Angstträume im psychoanalytischen Sinn Wunscherfüllungen sind: Daß sich etwas als erfüllt dargestellt hat, kann in einem Teil der Person Lust, in einem anderen aber Angst hervorrufen. Um die Ambivalenz der Wunscherfüllung zu demonstrieren, erzählt Freud gelegentlich das Märchen von den drei Wünschen. »Eine gute Fee verspricht einem armen Menschenpaar, Mann und Frau, die Erfüllung ihrer drei ersten Wünsche. Sie sind selig und nehmen sich vor, diese drei Wünsche sorgfältig auszuwählen. Die Frau läßt sich aber durch den Duft von Bratwürstchen aus der nächsten Hütte verleiten, sich ein solches Paar Würstchen herbeizuwünschen. Flugs sind sie auch da; das ist die erste Wunscherfüllung. Nun wird der Mann böse und wünscht in seiner Erbitterung, daß die Würste der Frau an der Nase hängen mögen. Das vollzieht sich auch, und die Würste sind von ihrem neuen Standort nicht wegzubringen, das ist nun die zweite Wunscherfüllung, aber der Wunsch ist der des Mannes; der Frau ist diese Wunscherfüllung sehr unangenehm. Sie wissen, wie es im Märchen weitergeht. Da die beiden im Grunde doch eins sind, Mann und Frau, muß der dritte Wunsch lauten, daß die Würstchen von der Nase der Frau weggehen mögen.« (I: 219 f.)

Ablesen läßt sich an dieser Geschichte, daß Wunscherfüllungen sich nicht einfach verrechnen lassen. In den ersten beiden Wünschen erfüllen sich elementare Triebregungen wie Hunger und Aggression, die aber dem Ich nichts nützen. Der dritte Wunsch ist bewußt kalkuliert und bleibt

deswegen ohne wirklichen Lustgewinn an der Oberfläche
der Realität.

↑ Befriedigungserlebnis, *Die Traumdeutung*, Anthropologie

Z

Zeitgemäßes über Krieg und Tod (1915) Im zweiten
Kriegsjahr erscheint *Zeitgemäßes über Krieg und Tod*. »Von
dem Wirbel dieser Kriegszeit gepackt, einseitig unterrich-
tet, ohne Distanz von den großen Veränderungen, die sich
bereits vollzogen haben oder zu vollziehen beginnen, und
ohne Witterung der sich gestaltenden Zukunft, werden wir
selbst irre an der Bedeutung der Eindrücke, die sich uns
aufdrängen, und an dem Werte der Urteile, die wir bilden.«
(IX: 35)
Der erste Teil handelt von der *Enttäuschung des Krieges*: daß
Krieg immer noch möglich ist. Beim Blick auf die ent-
wickelte Welt, auf den Stand von Wissenschaft und Technik stellt sich dieses Gefühl ein. Aber Freuds eigentliches
Thema ist nicht die Enttäuschung des Kriegs, sondern die
Selbsttäuschung der Kultur. Der Krieg wirft ein Schlag-
licht auf die Illusion, auch die Triebstruktur sei aufgeklärt
und zur Vernunft gebracht. Jeder Traum könnte uns vom
Gegenteil überzeugen. »Seitdem wir auch tolle und ver-
worrene Träume zu übersetzen verstehen, wissen wir, daß
wir mit jedem Einschlafen unsere mühsam erworbene
Sittlichkeit wie ein Gewand von uns werfen – um es am
Morgen wieder anzutun [...] Nur der Traum kann uns
von der Regression unseres Gefühlslebens auf eine der
frühesten Entwicklungsstufen Kunde geben.« (IX: 46)
Der Eindruck, das innere Leben sei so fortschrittlich, wie
es das äußere zu sein scheint, beruht auf dem Fehlurteil
der Vernunft, frei von Affekten zu sein. »Menschenken-
ner und Philosophen haben uns längst belehrt, daß wir

unrecht daran tun, unsere Intelligenz als selbständige Macht zu schätzen und ihre Abhängigkeit vom Gefühlsleben zu übersehen.« (IX: 47) Zu den Illusionen der Aufklärung rechnet Freud auch die Überzeugung, Kultur könne das Böse im Menschen ausrotten. »In Wirklichkeit gibt es keine ›Ausrottung‹ des Bösen.« (IX: 41) Was die Gesellschaft böse nennt – grausame, egoistische, sadistische Eigenschaften –, ist ein bestimmtes Triebschicksal, das nicht für immer und nicht für die ganze Person gelten muß. Und auch die Abwesenheit des Bösen ist Ergebnis innerer und äußerer Faktoren: Das Liebesbedürfnis und der Zwang der Erziehung sorgen für die Umwandlung eigensüchtiger Triebe in soziale. Von der Fähigkeit, die egoistischen Triebe umzuwandeln, hängt die Kultureignung des Menschen ab. Aber auch die gelungene Sozialisierung der Triebe bleibt prekär, solange die Erziehung ohne Rücksicht auf die Triebstruktur als äußerer Zwang wirkt. »Die Kulturgemeinschaft, die gute Handlung fordert und sich um die Triebbegründung derselben nicht kümmert, hat also eine große Zahl von Menschen zum Kulturgehorsam gewonnen, die dabei nicht ihrer Natur folgen.« (IX: 44) Die Enttäuschung des Kriegs verdeckt nur, wie sehr die Kultur sich über sich selbst täuscht und wie weit entfernt sie von der Möglichkeit ist, den Krieg abzuschaffen. Die Enttäuschung über die Mitbürger in diesem Krieg ist unberechtigt. »In Wirklichkeit sind sie nicht so tief gesunken, wie wir fürchten, weil sie gar nicht so hoch gestiegen waren, wie wir's von ihnen glaubten.« (IX: 44) Im zweiten Teil geht es um unser Verhältnis zum Tod, aber mehr noch um das Töten, um den Mord. Auch hier lautet Freuds Botschaft: Die moderne Kultur hat den Urmenschen nicht überwunden; ihre Tragik besteht aber darin, daß sie ihn bloß verdrängt hat und deswegen ein angemessenes Selbstverständnis nicht finden kann. Den Urmenschen ruft Freud recht drastisch in Erinnerung. »Er mordete gerne und wie selbstverständlich. Den Instinkt, der andere Tiere davon abhalten soll, Wesen der gleichen Art zu töten und zu verzehren, brauchen wir ihm nicht zu-

zuschreiben.« (IX: 52) Freud sieht die Urgeschichte der
Menschheit von Mord erfüllt und das kollektive Gedächtnis von der Erinnerung daran bestimmt. So scheint ihm
auch die christliche Lehre von der Erbsünde auf einen Vatermord hinzuweisen. Und noch das Gebot »Du sollst nicht
töten« »macht uns sicher, daß wir von einer unendlich langen Generationsreihe von Mördern abstammen, denen
die Mordlust, wie vielleicht noch uns selbst, im Blute lag«.
(IX: 56) Freud bezweifelt die kulturelle Leistung nicht, die
in der Geltung ethischer Normen liegt, wohl aber, daß sie
ohne Einsicht in die Triebnatur des Menschen wirksam
sind. Die ethische Begründung von Normen wäre deshalb
zu ergänzen durch eine »Triebbegründung«. An diesem
Anspruch ist Freuds Kulturkritik orientiert. Sie versucht
ihn einzulösen, indem sie auf dem Eigengewicht des seelischen Lebens besteht und plausibel macht, daß es Konstanten in der Natur des Menschen gibt, die in seiner Triebstruktur begründet und historisch nicht verfügbar sind.
Verbunden sind wir mit dem Urmenschen nicht durch die
Geschichte, sondern durch das Unbewußte. »Resümieren
wir nun: Unser Unbewußtes ist gegen die Vorstellung des
eigenen Todes ebenso unzugänglich, gegen den Fremden
ebenso mordlustig, gegen die geliebte Person ebenso zwie-
spältig (ambivalent) wie der Mensch der Urzeit. Wie weit
haben wir uns aber in der konventionell-kulturellen Einstellung gegen den Tod von diesem Urzustande entfernt!«
(IX: 59)
↑ *Totem und Tabu*

Zigarren Eines der größten und billigsten Vergnügen hat
Freud das Rauchen einmal genannt. Er selbst war extrem
nikotinsüchtig. Freud rauchte nicht nur zum Vergnügen,
sondern mehr noch, um zu arbeiten. Daß er ohne Zigarren nicht schreiben konnte, belegt die Korrespondenz mit
Fließ. Dort heißt es einmal, daß er die Abstinenz, die wegen eines Nasenkatarrhs verordnet war, nicht einhalten
konnte: »Bei meiner Belastung mit theoretischen und
praktischen Sorgen war die Steigerung der psychischen

Hyperästhesie nicht auszuhalten.« Freud wollte das Rauchen selbst dann nicht aufgeben, als er an Gaumenkrebs erkrankte und immer wieder Operationen nötig wurden. Erst sieben Jahre nach Ausbruch der Krankheit verzichtete er auf seine Zigarren. In einem Brief von 1930 an Lou Andreas-Salomé klagt er über den hohen Preis für seine Gesundheit: »Ich habe das Rauchen völlig aufgegeben, nachdem es mir 50 Jahre lang als Schutz und Waffe im Kampf mit dem Leben gedient hat.«

Seinem Briefpartner Fließ hatte Freud schon 1897 die Einsicht mitgeteilt, »daß die Masturbation die einzige große Gewohnheit, die ›Ursucht‹ ist, als deren Ersatz und Ablösung erst die anderen Süchte nach Alkohol, Morphin, Tabak etc. ins Leben treten«. Und es ist vielleicht bezeichnend, daß Freud diesen Zusammenhang für eine Theorie der Süchte nicht weiter verfolgt hat.

Zwei Mütter An verschiedenen Stellen spricht Freud von einer Kinderfrau, die ihn in den ersten Jahren betreut hat. In Freuds zweitem und drittem Lebensjahr war seine Mutter Amalia extrem belastet: Sie gebar zwei Kinder, von denen das eine nach einem halben Jahr starb, nur einen Monat, nachdem ihr jüngerer Bruder gestorben war. Alles spricht dafür, daß die Kinderfrau die Mutter in dieser Zeit ersetzt hat. Als sie wegen Diebstahls angezeigt und entlassen wurde, war Freud knapp drei Jahre alt und so betroffen, daß er sich an dieses Ereignis lebhaft erinnern konnte. Über vierzig Jahre später heißt es in einem Brief, er werde »dem Andenken des alten Weibes dankbar sein, das mir in so früher Lebenszeit die Mittel zum Leben und Weiterleben vorbereitet hat«. Es ist bemerkenswert, daß Freuds Kinderfrau in seinem Werk mehr Spuren hinterlassen hat als seine Mutter.

Dieser biographische Hintergrund wirft vielleicht ein Licht auf Freuds Interesse an Männern mit zwei Müttern: Ödipus, Leonardo da Vinci, Michelangelo, Moses kommen in seinem Werk an prominenter Stelle vor. Sie alle zeichnet aus, daß sie in früher Kindheit von ihren Müttern ge-

trennt werden und bei Ersatzmüttern aufwachsen. Und
für alle ist diese Trennung an eine traumatische Erfahrung
gebunden. So liegt eine biographische Spekulation nahe:
daß die Abwesenheit der eigenen Mutter in Freuds Werk
zu den Gründen dafür gehört, daß die Frau unvollständig
erscheint, mangelhaft ausgestattet mit allem, was wesentlich ist: Penis, Gewissen, Intellekt, Fähigkeit zur Sublima-
tion.
↑Amalia Freud, Familienroman

Zweizeitigkeit Für »merkwürdig« und »folgenschwer«
hält Freud, daß der Mensch zweimal mit seiner Sexualität
beginnen muß. Zwischen dem zweiten und dem fünften
Jahr finden sich Sexualobjekte bereits ausgeprägt, wenn
auch die Sexualorganisation insgesamt noch diffus ist. Das
infantile Sexualleben endet mit dem Untergang des Ödipuskomplexes. Die Objektbesetzungen werden verdrängt,
die sexuellen Strebungen wandeln sich in zärtliche um, die
aggressiven Energien richten sich nach innen und können
zur Differenzierung der psychischen Organisation eingesetzt werden, vor allem zur Ausbildung von Gewissen,
Selbstbeobachtung, Selbstkontrolle, das ist die Rolle des
Über-Ich. Auf dieser Stufe sexueller Latenz – zwischen fünf
und zwölf Jahren – ist die Aufmerksamkeit frei für die Anforderungen, die Kultur und Gesellschaft an das Kind stellen. Mit der Pubertät beginnt die Sexualität ein zweites Mal.
Wiederum werden die Objekte sexuell aufgeladen. Die alten Besetzungen stehen nicht mehr zur Verfügung, sie sind
aber nicht aufgelöst, sondern bleiben unbewußt wirksam.
Für Freud ergeben sich aus der Zweizeitigkeit sexueller
Entwicklung zwei Dispositionen, die den Menschen von
allen anderen Lebewesen unterscheiden: die Befähigung
zur Kultur und die Neigung zur Neurose. »Die Tatsache des
zweizeitigen Ansatzes der Sexualentwicklung beim Menschen, also die Unterbrechung dieser Entwicklung durch
die Latenzzeit, erschien uns besonderer Beachtung würdig.
Sie scheint eine der Bedingungen für die Eignung des Menschen zur Entwicklung einer höheren Kultur, aber auch für

seine Neigung zur Neurose zu enthalten. Bei der tierischen
Verwandtschaft des Menschen ist unseres Wissens etwas
Analoges nicht nachweisbar.« (V: 137)
Wenn die sexuelle Entwicklung in der Pubertät noch einmal einsetzt, ist sie nicht mehr in dem Maße genetisch
gesteuert, wie das für die frühe Kindheit der Fall ist. Jetzt
sind die Triebziele auch mit Bedeutungen belegt, die verstanden werden müssen. Für die Neuorientierung der Sexualität kann das Individuum nicht auf seine eigene Geschichte zurückgreifen, sondern muß sich an Traditionen
halten. Durch die Verdrängung der frühen Kindheit gewinnt der Mensch Abstand von der Natur, und er muß sich
deswegen als kulturelles Wesen erfinden. Freuds Aus-
zeichnung des Menschen als Kulturwesen ist aber so dop-
peldeutig wie alles, was die Psychoanalyse über den Menschen sagen kann. Weil der Mensch über seine Infantilität
nicht als Geschichte verfügt, bleibt er stets der unbewußten Wirkung seiner frühen Kindheit ausgesetzt. Die Unterbrechung der Sexualität in der Latenzzeit ermöglicht
Kultur. Freud macht aber auch deutlich, daß Kultur zu spät
kommt, um das psychische Leben ganz zu erfassen, und
daß in dieser Verspätung der Kern psychischer Krankheit
liegt. Die Neurose ist nur die andere Seite der Kultur; beides wird ermöglicht durch die Zweizeitigkeit der Sexualentwicklung.
↑ *Drei Abhandlungen zur Sexualtheorie, Das Unbehagen in der
Kultur*

Zeittafel

1856   Sigmund Freud wird am 6. Mai in Freiberg/Mähren ge-
        boren.
1860   Die Famile zieht nach Wien.
1873   Abitur. Beginn des Medizinstudiums an der Universität
        Wien.
1876   Wechsel ins Physiologische Institut, das Ernst von
        Brücke leitet.
1878   Freundschaft mit Josef Breuer.
1880   Anna O. bei Breuer in Behandlung.
1881   Promotion.
1882   Verlobung mit Martha Bernays. Arztstelle im Wiener All-
        gemeinen Krankenhaus.
1885   Privatdozent. Im Wintersemester Forschungsarbeit an
        der Salpêtrière bei Charcot.
1886   Eröffnung einer nervenärztlichen Praxis. Heirat mit
        Martha Bernays.
1887   Freundschaft mit Wilhelm Fließ.
1891   Umzug in die Berggasse 19.
1895   *Entwurf einer Psychologie.* Zusammen mit Breuer Veröf-
        fentlichung der *Studien über Hysterie.*
1899   *Die Traumdeutung,* vom Verleger auf 1900 vordatiert.
1900   Beginn der Analyse von Dora.
1901   *Zur Psychopathologie des Alltagslebens.*
1902   Titularprofessur.
1905   *Drei Abhandlungen zur Sexualtheorie; Der Witz und seine Be-
        ziehung zum Unbewußten.*
1907   Beziehung zu Jung und Abraham.
1908   Bekanntschaft mit Ferenczi und Jones. Gründung der
        Wiener Psychoanalytischen Vereinigung.
1909   *Analyse der Phobie eines fünfjährigen Knaben* (Kleiner
        Hans). Reise nach Amerika.
1910   Gründung der Internationalen Psychoanalytischen Ver-
        einigung.
1911   Bruch mit Adler.

1913	Bruch mit Jung.
1915	*Zeitgemäßes über Krieg und Tod.*
1917	*Vorlesungen zur Einführung in die Psychoanalyse.*
1920	*Jenseits des Lustprinzips.*
1921	*Massenpsychologie und Ich-Analyse.*
1923	*Das Ich und das Es.* Krebsdiagnose, erste Operation.
1926	*Die Frage der Laienanalyse.*
1930	Goethe-Preis. *Das Unbehagen in der Kultur.*
1933	Die Nationalsozialisten verbrennen Freuds Bücher.
1938	»Anschluß« Österreichs an das Deutsche Reich. Hausdurchsuchung, Anna Freud wird von der Gestapo verhört. Emigration nach London.
1939	*Der Mann Moses und die monotheistische Religion.* Freud stirbt am 23. September.
1940	*Abriß der Psychoanalyse.*

Literatur

I. Freuds Werke

Hauptsächlich zitiert nach:
Studienausgabe, Bd. I–X und Ergänzungsband, hg. von Alexander
    Mitscherlich, Angela Richards und James Strachey, Frankfurt
    a. M. 1969 ff. Die römische Zahl steht für den Band, E für den
    Ergänzungsband.
Gelegentlich zitiert nach:
Gesammelte Werke (GW), Bd. I–XVIII, unter Mitwirkung von Marie
    Bonaparte hg. von Anna Freud, Edward Bibring, Willi Hoffer,
    Ernst Kris und Otto Isakower, London/Frankfurt a. M. 1940 ff.
Sonst zitiert nach den leicht zugänglichen Einzelausgaben:

A
Abriß der Psychoanalyse, Frankfurt a. M. 1970

D
Darstellungen der Psychoanalyse, Frankfurt a. M. 1970

F
*Aus den Anfängen der Psychoanalyse: Briefe an Wilhelm Fließ, Abhand-
    lungen und Notizen aus den Jahren 1887–1902*, Frankfurt a. M. 1975

P
Zur Psychopathologie des Alltagslebens, Frankfurt a. M. 1977

S
Selbstdarstellung, Frankfurt a. M. 1981

II. Sekundärliteratur

Thomas Auchter/Laura Viviana Strauss, *Kleines Wörterbuch der Psy-
    choanalyse*, Göttingen 1999

Peter Gay, *Freud. Eine Biographie für unsere Zeit*, Frankfurt a. M. 1989

Georges-Arthur Goldschmidt, *Als Freud das Meer sah. Freud und die deutsche Sprache*, Zürich 1999

Jens Heise, *Traumdiskurse. Die Träume der Philosophie und die Psychologie des Traums*, Frankfurt a. M. 1989

Ders., *Die erste und die zweite Sprache. Fragen einer allgemeinen Symboltheorie bei Lacan*, in: Bernhard H. F. Taureck (Hg.), *Psychoanalyse und Philosophie*, Frankfurt a. M. 1992

Hermann Lang, *Die Sprache und das Unbewußte. Jacques Lacans Grundlegung der Sprache*, Frankfurt a. M. 1993

Jean Laplanche/J.-B. Pontalis, *Das Vokabular der Psychoanalyse*, 2 Bde., Frankfurt a. M. 1972

Hans-Martin Lohmann, *Sigmund Freud*, Reinbek 1998

Ders. (Hg.), *Hundert Jahre Psychoanalyse. Bausteine und Materialien zu ihrer Geschichte*, Stuttgart 1996

Alfred Lorenzer, *Sprachspiel und Interaktionsformen. Vorträge und Aufsätze zu Psychoanalyse, Sprache und Praxis*, Frankfurt a. M.1977

Herbert Marcuse, *Triebstruktur und Gesellschaft. Ein philosophischer Beitrag zu Freud*, Frankfurt a. M. 1970

Humberto Nagera (Hg.), *Psychoanalytische Grundbegriffe: eine Einführung in Sigmund Freuds Terminologie und Theoriebildung*, Frankfurt a. M. 1987

J.-B. Pontalis, *Nach Freud*, Frankfurt a. M. 1974

Paul Ricoeur, *Die Interpretation. Ein Versuch über Freud*, Frankfurt a. M. 1974

Alfred Schöpf, *Sigmund Freud und die Philosophie der Gegenwart*, Würzburg 1998

Renate Schlesier, *Mythos und Weiblichkeit bei Sigmund Freud*, Frankfurt a. M. 1990

Christiane Zschirnt
Shakespeare-ABC

244 Seiten. Mit 6 Abbildungen. RBL 1719. 19,– DM
ISBN 3-379-01719-1

Shakespeare? Das ist hier die Frage. Wer gar nichts über Shakespeare weiß, weiß zumindest dies: Shakespeare war vielleicht gar nicht er selbst, sondern jemand ganz anderes. Über fünfzig Kandidaten stehen immerhin zur Auswahl. An der Frage, ob Shakespeare nun der Sohn des Handschuhmachers aus Stratford war oder nicht vielmehr der Universalgelehrte Francis Bacon, ob nicht zum Beispiel der ermordete Dramatiker Christopher Marlowe in der Gestalt des Barden auferstanden war oder sich gar Königin Elisabeth I. hinter dem Dichter verbarg, zerbrechen akademische Freundschaften, entscheiden sich Karrieren und entzünden sich erbitterte Kontroversen.

In diesem Lexikon kreuzen sich auf überraschende Weise Leben und Werk des Olympiers Shakespeare. Alphabetisch geordnet, versammelt es Wissenswertes und Kurioses, philologisch fundiert, mit Lust zur Abschweifung und humoriger Note.

RECLAM-BIBLIOTHEK

Bernhard H. F. Taureck
Nietzsche-ABC

256 Seiten. RBL 1679. 18,– DM
ISBN 3-379-01679-9

Paul Valéry brachte die Wirkung Nietzsches auf den Punkt:
Er sei keine Nahrung, sondern ein Aufputschmittel. Man
hat Nietzsche gefeiert, und man hat ihn verboten. Seine
Nachwirkungen im 20. Jahrhundert spiegeln seine Wider-
sprüchlichkeit. Nietzsche verlangte die Ausrottung entar-
teter Menschen und glaubte gleichzeitig an eine harmoni-
sche Lebensweltgestaltung der Zukunft. Er äußerte sich
pazifistisch und militaristisch. Er wollte Weltbürger sein
und wurde im Deutsch-Französischen Krieg 1870/71 von
nationalistischen Leidenschaften ergriffen. Er war Philose-
mit und lastete den Juden die Erfindung der Moral an. Er
verkündete für Europa eine ökonomische Globalisierung
und wünschte eine kulturelle Mobilmachung der Deut-
schen. Nietzsche radikalisierte Modernität und Antimo-
dernität in einem Atemzuge.

Bernhard H. F. Taureck lehrt Philosophie an der Technischen
Universität Braunschweig. Zuletzt erschienen »Nietzsches
Alternativen zum Nihilismus« (1991), »Lévinas zur Ein-
führung« (1997) und »Michel Foucault« (1997).